LA CHINE QUI S'OUVRE

RENÉ PINON

JEAN DE MARCILLAC

La Chine qui s'ouvre

Ouvrage accompagné d'une carte de l'Extrême-Orient,
des plans de Chang-haï et de Hong-kong
et augmenté d'Appendices et de Documents

PARIS

LIBRAIRIE ACADÉMIQUE DIDIER

PERRIN ET Cie, LIBRAIRES-ÉDITEURS

35, QUAI DES GRANDS-AUGUSTINS, 35

1900

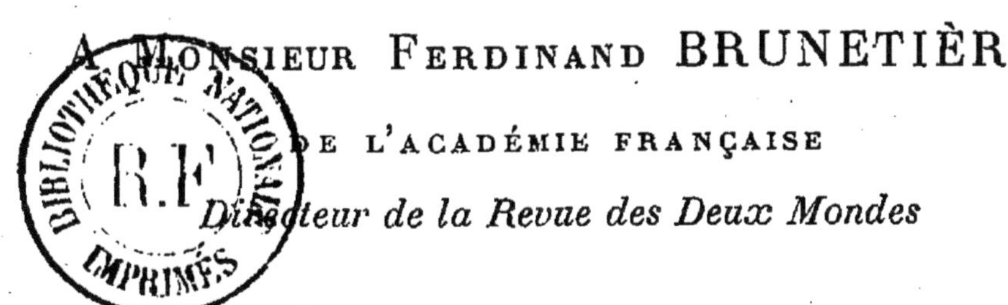

A Monsieur Ferdinand BRUNETIÈRE

DE L'ACADÉMIE FRANÇAISE

Directeur de la Revue des Deux Mondes

CE LIVRE EST RESPECTUEUSEMENT DÉDIÉ

PRÉFACE

Quelques mois après que les coups de canon du Yalu et de Port-Arthur eurent révélé au monde la question d'Extrême-Orient, nous publiions, dans la Revue des Deux Mondes *du 15 septembre 1897, un article intitulé* Qui exploitera la Chine ? *Nous nous efforcions d'y préciser les éléments du problème chinois.*

M. Jean de Marcillac avait eu la bonne fortune, au moment critique où la face du monde jaune allait changer, de se trouver à même de bien voir et de bien juger les grands événements qui s'accomplissaient dans ces lointains parages ; il nous suggéra l'idée première de cette étude, il nous communiqua des notes et des impressions d'autant plus précieuses qu'elles étaient celles d'un témoin oculaire, il fut notre collaborateur dans la conception et dans l'exécution de notre travail.

Cet article est devenu le premier chapitre du livre que nous offrons aujourd'hui au public. Nous avons cru devoir y ajouter des notes, mais nous n'y avons apporté que de légères retouches. Les événements, il est vrai, ont, depuis, modifié sur quelques points la situation respective des grandes puissances en face de la Chine qui s'ouvre; notre chapitre nous semble néanmoins rester l'expression vraie de l'état des choses après la guerre sino-japonaise; il fixe un moment dans l'histoire de la question d'Extrême-Orient.

Survint le coup de théâtre de Kiao-tcheou. Les événements faisaient saillir l'importance, dans les affaires chinoises, d'un élément nouveau : l'élément religieux. Dans un article anonyme paru dans la Revue des Deux Mondes *sous le titre* La politique allemande et le protectorat des Missions catholiques, *le 1ᵉʳ septembre 1898, nous nous efforcions de montrer comment, en Orient aussi bien qu'en Extrême-Orient, les intérêts religieux sont intimement liés aux intérêts politi-*

ques. C'était quelques jours avant que fût rendue publique la lettre du Saint-Père qui confirmait et précisait les droits de la France au protectorat des missions catholiques, et au moment où l'empereur Guillaume II préparait son fameux pèlerinage en Terre-Sainte : l'article fit du bruit dans la presse et dans les cercles diplomatiques. — Nous avons reproduit de ce travail tout ce qui intéressait l'Extrême-Orient, nous y avons ajouté quelques pages sur les conditions nouvelles dans lesquelles s'exerce notre protectorat depuis la lettre de Léon XIII et le décret de l'impératrice de Chine relatif au clergé catholique. C'est notre deuxième chapitre.

Enfin un troisième chapitre est la réimpression, avec addition de quelques notes, de l'article que publiait le 1er novembre 1899 la Revue des Deux Mondes sous le titre de La France et la question d'Extrême-Orient. Nous nous efforcions d'y montrer l'état actuel des choses et d'en déduire la formule directrice de la politique française dans ce pays où nous avons de si grands intérêts et dont le sang français a si souvent arrosé le sol.

Ainsi, ce n'est ni une histoire complète des affaires chinoises, ni une étude de détail sur la géographie ou sur la valeur économique du Céleste Empire que l'on trouvera ici; nous avons cherché seulement à déterminer les éléments de la question d'Extrême-Orient, à en caractériser les grandes phases et, pour ainsi dire, à les situer dans la politique générale du monde.

Trois importants appendices sur Les chemins de fer en Chine; La question de la concession française à Chang-hai *et* L'extension de Hong-kong *donneront des indications précises et détaillées sur trois des questions les plus complexes qui aient été récemment agitées en Extrême-Orient. Ces études, écrites par M. Jean de Marcillac, ont été publiées dans la* Revue des questions diplomatiques et coloniales *(numéros des 1ᵉʳ et 15 juillet, 1ᵉʳ et 15 août 1899).*

Enfin nous avons cru bon d'ajouter à la fin duvolume quelques documents intéressants ou particulièrement caractéristiques.

Une carte très simple, où nous avons fait entrer tous les principaux noms géographiques cités dans notre livre, permettra au lecteur de suivre plus facilement les faits qui, depuis cinq ans, ont si rapidement transfiguré le monde chinois.

R. P.

LA CHINE QUI S'OUVRE

Depuis des siècles, la Chine vivait isolée, enfermée dans ses traditions et dans la contemplation de sa grandeur passée, fière de son immobilité et dédaigneuse des « barbares d'Occident ». La civilisation moderne, bruyante, expansive, conquérante par nécessité économique, venait se heurter aux portes hermétiquement closes du Céleste Empire ; elle envahissait l'Inde, elle entamait l'Indo-Chine, elle pénétrait par le nord jusqu'aux rives du Pacifique, elle transformait en quelques années le Japon ; les races européennes peuplaient le monde ; l'Amérique et l'Océanie s'animaient d'une vie nouvelle ; l'Afrique allait livrer ses secrets ; mais la Chine restait vierge de tout contact étranger : il semblait que le peuple le plus anciennement civilisé dût être aussi le dernier à adopter les procédés et les modes de la civilisation nouvelle. Sa vie économique, tout interne, ne lui faisait point une loi de l'exportation et de l'échange avec l'étranger; elle se suffisait à elle-même, à peine effleurée par les caravanes mongoles ou les vaisseaux anglais. Grouillant et pullulant comme une race de fourmis, les Célestes vivaient d'une vie très intense, cultivaient leurs champs, trafiquaient entre eux par leurs fleuves, leurs canaux et les restes de leurs routes; ignorants du monde extérieur, ils ne souhaitaient pas d'être connus de lui; le mystère de leur âme restait, comme leur langage, impénétrable et intraduisible aux Occidentaux. Il fallut des coups de canon pour que les Européens pussent enfin, en certains points, s'accrocher, pour y faire du commerce, aux flancs de l'immense empire, où, jusque-là, quelques missionnaires chrétiens avaient seuls eu l'audace, souvent mortelle, de s'introduire.

La force des choses devait à la fin rompre ces barrières et faire cesser cet isolement. Les nations européennes, industrielles et commerçantes, que les besoins de leur existence obligent à chercher toujours des marchés nouveaux, devaient fatalement désirer d'ouvrir à leur négoce ce centre incomparable de production et de consommation. Brusquement, avant que les travaux d'approche des Occidentaux fussent achevés, les victoires du Japon, dans la guerre de 1894-1895, posèrent devant le monde la question d'Extrême-Orient et mêlèrent le Céleste Empire à la vie politique et économique universelle. Du coup, les affaires de Chine passèrent au premier plan des préoccupations des gouvernements.

Pays surpeuplé, riche, producteur et commerçant, la Chine n'est pas et ne peut pas être une terre de colonisation. L'action des grandes puissances ne saurait y ressembler à ce qu'elle a été dans les solitudes de l'Australie ou dans l'Afrique noire. Une exploration comme celle de Stanley, une expédition comme celle du Dahomey ou de Madagascar ne seraient point ici de mise : tout l'effort des étrangers se résume en une conspiration générale pour obtenir la plus grosse part des bénéfices de la mise en valeur de ce monde nouvellement ouvert à leurs convoitises. Ils n'ont ni l'ambition de conquérir ou de peupler la Chine, ni la noble passion de la civiliser ou, — si l'on met à part l'œuvre des missionnaires, — de la christianiser; ils cherchent avant tout, par l'introduction des procédés de l'Occident, à stimuler sa production naturelle, à augmenter ses besoins pour augmenter sa puissance de consommation, à mobiliser ses ressources économiques pour les lancer dans le torrent toujours grossissant de la circulation universelle de la richesse.

Ni la passivité des populations, ni la mauvaise

volonté des mandarins, ni l'hostilité des lettrés, ni l'amas des vieux préjugés, n'empêcheront l'œuvre colossale de s'accomplir : comme la coquille qui a laissé glisser la pointe d'une lame entre ses valves entrebâillées, la Chine aujourd'hui ne saurait plus se refermer. Malgré son incuriosité de tout ce qui n'est pas elle-même, elle est entraînée dans un tourbillon irrésistible, elle est saisie par cette fièvre d'activité créatrice qui est le caractère même des civilisations modernes. Elle n'est point conquise par des armées : les États qui entendent commercer avec elle, même malgré elle, et qui ont occupé sur ses bords quelques « points d'appui » pour leurs escadres ou quelques forteresses pour leurs soldats, ont surtout pris ces précautions militaires parce qu'ils se jalousent entre eux et se défient les uns des autres. Elle n'est pas non plus séduite par une culture dont elle ne comprend pas la supériorité. Le spectacle auquel nous assistons est tout autre : c'est la Chine envahie par les capitaux étrangers en quête d'un intérêt qui dépasse le modeste 3 pour 100 de nos rentes sur l'État; c'est la Chine ouverte aux procédés et aux outils de la civilisation occidentale, transformée par les banques, les chemins de fer, les exploitations minières : la Chine s'ouvre à l'argent et aux machines. Russes, Anglais, Français, Allemands,

Américains, Japonais, Belges, Italiens, dans l'œuvre de la mise en valeur de tant de richesses improductives, aspirent au rôle lucratif de directeurs et de courtiers ; ils veulent être les agents et les premiers bénéficiaires d'une transformation économique que les Chinois n'ont pas désirée, mais dont, peut-être, ils sauront profiter.

Dans le recul de l'histoire, cette éclosion d'une Chine nouvelle, au contact longtemps évité de la civilisation européenne, apparaîtra comme le fait capital de la fin de notre siècle ; lorsque se développeront les révolutions économiques et politiques qui sont en germe dans cette métamorphose de l'antique Cathay, on appréciera quelle place occupe dans l'histoire du monde ce fait sans précédent que, chez nous, on semble à peine apercevoir.

CHAPITRE PREMIER

LA GUERRE SINO-JAPONAISE ET LA PÉNÉTRATION ÉTRANGÈRE EN CHINE

1894-1897.

Le 31 mai 1891, le tsarevitch Nicolas posait solennellement à Vladivostok la première traverse du chemin de fer transsibérien [1]. Descendant la vallée de l'Oussouri et remontant celle de l'Amour, franchissant les montagnes qui enserrent le lac Baïkal, s'allongeant à perte de vue dans les steppes de la Sibérie occidentale, l'immense voie ferrée unira les plaines moscovites aux rives du

1. Sur le voyage du tsarevitch en Extrême-Orient et sur la date (19/31 mai) de l'inauguration du Transsibérien, voyez le bel ouvrage illustré du prince Oukhtomski : *Voyage en Orient*. Traduction de M. Louis Léger. Paris, Delagrave, 1893-98, 2 vol. in-4.

Pacifique, la cité sainte des Tsars à la capitale du Fils du Ciel. Ce rêve grandiose sera dans quelques mois une réalité : depuis plus de deux ans le tronçon qui unit Vladivostok à Khabarovka, sur le bas-Amour, est achevé ; de là, les bateaux à vapeur conduisent voyageurs et marchandises jusqu'à Nertchinsk, point terminus de la navigation sur l'Amour ; seule la partie qui doit relier Nertchinsk au lac Baïkal reste à finir pour que l'on puisse traverser toute la Sibérie « à vapeur ». Ce premier résultat, les Russes sont sur le point de l'atteindre ; et déjà ils ont commencé la ligne directe qui, à travers la Mandchourie, bifurque vers Port-Arthur et vers Vladivostok. Ils poussent leurs travaux avec une telle ardeur qu'ils devancent les prévisions les plus optimistes.

A défaut d'autres preuves, cette hâte fébrile, cette prodigieuse activité suffiraient à démontrer quels intérêts capitaux sont en jeu dans cet Extrême-Orient, où les événements se précipitent avec une si déconcertante rapidité. Si les Russes attendent avec une impatience non dissimulée l'achèvement des derniers tronçons du Transsibérien, ce n'est pas seulement parce qu'ils ont hâte de mettre leur empire en communication avec une mer que ni les glaces, ni les détroits, ni les traités ne viendront fermer ; c'est aussi parce que l'expérience de la guerre sino-japonaise leur a appris que les événements, là-bas, allaient plus vite que leurs prévisions ; c'est surtout parce qu'ils sentent venue l'heure de faire fructifier et de répandre par le monde les immenses richesses endormies dans l'Empire du Milieu. — Au moment où la Chine s'ouvre, les Russes tiennent à n'y être devancés par personne.

C'est devenu un lieu commun de parler du péril jaune. On se souvient de ce dessin où l'empereur Guillaume II symbolisait la menace de l'invasion jaune prête à fondre sur l'Europe et à terminer par un engloutissement général nos querelles intestines. Ainsi conçu, le danger jaune n'existe pas. Les Chinois sont, il est vrai, trois cent cinquante ou quatre cent millions ; répandus sur l'Europe, ils la submergeraient. Mais tous sont ou de petits propriétaires cultivant avec amour et profit un minuscule coin de terre, ou de petits commerçants absorbés dans leur négoce, ou encore des ouvriers accomplissant, avec une inlassable patience, les plus humbles besognes. L'histoire n'offre pas d'exemple d'une invasion faite par un peuple de petits propriétaires et de petits commerçants. Le danger jaune n'est pas là. Race sobre, tenace, laborieuse et économe, les Chinois ne sont pas des conquérants : ils sont, et surtout ils pourraient être des producteurs. Le *péril prochain* [1] est un péril économique et social : il sera imminent lorsque des peuples plus hardis, moins enfoncés dans une routine séculaire, disposant de capitaux et de soldats, auront commencé cette mise en valeur de la Chine dont ils se disputent déjà les profits. La question : « qui exploitera la Chine ? » est posée.

I

Pour cette gigantesque opération, plusieurs États européens, américains ou asiatiques sont en concurrence. — Dans la première partie de ce livre, notre but sera de caractériser et d'expliquer l'attitude de chacune des grandes puissances en face de la question chinoise, au moment où l'entrée en scène des canons japonais força l'attention du monde entier à se tourner vers l'Extrême-Orient.

Au premier rang, par l'ancienneté de ses rapports avec la Chine, par la continuité de ses visées politiques, apparaît la Russie. Dès la fin du xvııe siècle, en 1689, les Russes signaient avec la Chine

---

1. Voyez dans la *Revue des Deux-Mondes* du 1er avril 1896 : *le Péril prochain* par M. d'Estournelles de Constant, député.

le traité de Nertchinsk ; c'était la première fois que le Fils du Ciel entrait en relations diplomatiques avec une puissance occidentale ; une des clauses de cet antique pacte permettait aux négociants russes munis d'un passeport de commercer librement dans toute l'étendue de l'empire chinois. En 1717, le gouvernement du tsar obtenait l'autorisation d'élever une chapelle à Pékin et d'y établir une mission orthodoxe qui n'a jamais cessé depuis lors d'y résider.

Depuis Pierre le Grand, les hommes d'État russes, avec une conviction profonde, avec une foi religieuse dans l'avenir, poursuivent la domination de leur race sur l'immense continent qui, de la Baltique à la mer du Japon, déroule ses plaines infinies ; sans heurts, sans impatience, avec la certitude que le temps travaille pour eux, ils accomplissent lentement l'œuvre que leur ont marquée la géographie et l'histoire. L'aigle russe a deux têtes, l'une regarde l'Europe et l'autre l'Asie ; l'imagination populaire aime à voir dans ce symbole une promesse de la double domination réservée à la race slave sur l'Asie et sur l'Europe. Au xviiiᵉ et au xixᵉ siècle, deux peuples, l'Angleterre et la Russie, ont eu l'intuition très nette que l'Europe, — ou ce que les diplomates appellent ainsi, — n'est pas le monde. Pendant que les puissances occidentales épuisaient dans des luttes stériles leurs forces et leurs énergies, les Anglais fondaient la *Greater Britain*, ils réalisaient leur orgueilleuse préten-tion de faire toutes les mers « territoire d'Al-bion », et les Russes reculaient de tous côtés les bornes lointaines de leur empire.

Des traditions politiques, et aussi nos cartes et nos manuels de géographie, ont faussé nos idées ; ils nous ont habitués à considérer l'Europe comme un tout complet, en dehors duquel il ne peut exister que des « colonies ». Telle n'est pas la réalité ; il n'y a pas entre l'Europe et l'Asie de séparation ; l'Oural n'est ni une limite, ni une barrière ; chemins de fer et routes le franchissent sans difficulté ; la plaine sibérienne de l'est a le même sol, les mêmes plantes, les mêmes habi-tants que la plaine moscovite de l'ouest ; la Sibérie n'est pas une colonie de la Russie, elle est la Rus-sie. A Vladivostok, demandez à un fonctionnaire ou à un officier s'il retournera bientôt en Russie ; il ne comprendra pas ou s'indignera : à Vladi-vostok, il est « en Russie » ; pour rentrer à Odessa il lui faudra faire la moitié du tour du monde, n'importe ; c'est la Russie qu'il quitte là-bas, c'est la Russie qu'il retrouve ici. — Pas plus que la politique anglaise, la politique russe n'est uni-

quement « européenne »; elle suit avec la même
attention les événements de Chine et ceux de Turquie. Aujourd'hui, la diplomatie russe attache
autant, et peut-être plus d'importance à Port-
Arthur qu'à Constantinople : à Port-Arthur, elle
atteint enfin la mer libre; à Constantinople, elle
serait encore emprisonnée dans le lac méditerra-
néen. On a beaucoup parlé du « recueillement »
de la Russie, mais on n'a guère vu que ce recueillement n'est qu'une apparence et comme une
façade du côté de l'Europe ; la Russie a besoin de
la paix en Occident parce qu'en Extrême-Orient
elle poursuit une œuvre difficile, dont la réussite
est capitale pour son développement et sa grandeur. Le jour où, le Transsibérien achevé, le tsar
dictera sa loi à la Chine du nord, ce jour-là aussi
pourra cesser le « recueillement » de la Russie.
Ainsi sont liées les questions européennes à celles
qui agitent les contrées les plus reculées; elles ont
les unes sur les autres une répercussion nécessaire. C'est cette grande vérité que les hommes
d'État de l'Angleterre et de la Russie ont su
comprendre. Quelle différence aussi entre les
conceptions grandioses d'un Disraëli ou d'un
Alexandre III, et les mesquines agitations d'un
Metternich ou d'un Guizot!

« La politique des grands États, disait Napoléon Ier, est dans leur géographie. » C'est la géographie qui a créé pour la Russie l'impérieuse nécessité d'atteindre une mer libre. Depuis Pierre le Grand, donner aux plaines moscovites un débouché vers la mer, une issue vers le reste du monde, a été le souci constant de la diplomatie des tsars. Arrêtés à l'ouest par la puissance allemande, au nord par les glaces, au sud par la « question d'Orient », ils ont cherché en Asie ce que la nature et les hommes leur refusaient en Europe. Deux routes s'ouvraient à eux : vers l'océan Indien par l'Afghanistan, vers les mers de Chine par les pays Mandchous. Ils les ont suivies toutes deux en même temps. — La difficulté d'établir des communications et l'éloignement de tout centre d'action économique retardaient le développement de la Sibérie ; elle restait une richesse inemployée, un capital latent ; pour la vivifier, il fallait le contact d'une région fertile, peuplée, productrice et consommatrice ; un tel voisinage attirerait les négociants et les cultivateurs, donnerait un débouché au commerce, ouvrirait un marché aux produits agricoles, faciliterait l'établissement de voies de communication. Et c'est là une seconde raison de la marche des Russes vers l'Inde et vers la Chine.

Jusqu'en 1886, l'Inde apparut comme le but

suprême de l'ambition des Russes. Le congrès de Berlin avait refoulé leurs prétentions sur Constantinople : ils redoublèrent d'efforts en Asie. Toute de paix et de « recueillement » en Europe, leur politique devint par delà l'Oural toute d'énergie et d'action. Bientôt, ils s'installèrent sur les crêtes de l'Hindou-Kouch; l'Afghanistan allait tomber en leur pouvoir, l'Inde était menacée, la route de la mer ouverte. Soudain la marche en avant s'arrêta net, les officiers qui poussaient vers le sud des pointes hardies furent rappelés; le gouvernement du tsar, intimidé par les protestations de l'Angleterre, avait reculé devant la crainte de graves complications. Depuis lors, les Russes sont restés de ce côté sur la défensive : ils ont laissé les Anglais annexer librement la côte du Mekran et la vallée du Tchitral, fermer à leurs rivaux la route de la mer libre, et faire de l'océan Indien un lac britannique.

Arrêtés en Afghanistan, attendant des circonstances plus favorables avec cette patience que donne une foi inébranlable dans l'avenir, impuissants d'ailleurs, faute de capitaux et de moyens d'action, à poursuivre partout à la fois une politique de conquête, les Russes se sont tournés résolument vers l'Extrême-Orient; ils ont essayé d'atteindre par le nord ces riches marchés de l'Empire du Milieu où la France et l'Angleterre tentaient de pénétrer par le sud et par les côtes.

De temps immémorial, les caravanes mongoles transportaient de Chine en Russie les thés et les soies; toutefois ce trafic ne fut jamais bien considérable (en 1894 il n'était encore que de 51 millions de francs). Pour développer son négoce, la Russie fut naturellement amenée à rapprocher ses frontières du centre même de la production chinoise. Petit à petit elle entoura l'Empire du Milieu d'une immense ligne de circonvallation depuis l'Hindou-Kouch jusqu'aux frontières de Corée, elle l'enserra entre les deux branches d'une gigantesque pince. En 1858, elle occupa le territoire de l'Oussouri, et fonda sur la mer du Japon le port de Vladivostok. — Enfin la Russie atteignait la mer : elle avait un port libre de glaces pendant huit mois de l'année!

C'était un grand pas fait. Mais ce n'était pas encore pour « l'abcès » russe un exutoire suffisant. Vladivostok est bloqué pendant quatre mois d'hiver; il s'ouvre sur une mer fermée par des détroits impraticables, ou dont les rives sont coréennes ou japonaises. Tout de suite la Russie se préoccupa de s'assurer des issues vers l'Océan : le Japon était encore un pays fermé, arriéré, sans marine ni armée sérieuse; son « européanisation » commençait à peine. En 1875, la Russie fit accepter au Mikado l'échange de l'île Sakhalin contre les Kouriles, la proie pour l'ombre. En 1876, elle obtint qu'il renonçât à toute suzeraineté sur la Corée en échange de l'ouverture au commerce japonais d'un port coréen (Fusan). Ainsi se révélait déjà l'importance de la question coréenne.

Les choses en étaient là lorsque la jalousie de l'Angleterre ferma décidément à l'expansion russe la route de la mer des Indes. Il ne restait plus au gouvernement du tsar *qu'un seul, un dernier* espoir d'avoir un port libre sur une mer libre ; en Extrême-Orient seulement il pouvait trouver ce débouché nécessaire au commerce et au développement de la Russie. Dès lors, la « question coréenne, ou japonaise » tint la première place dans les préoccupations du cabinet de Saint-Pétersbourg. Là encore, il rencontrait devant lui les intrigues anglaises.

Au moment où l'amiral Courbet, dans l'hiver de 1885, triomphait des Chinois et plantait les couleurs françaises sur les îles Pescadores, le gouvernement britannique, inquiet de nos progrès et redoutant sans doute une entente franco-russe, envoyait au commandant de son escadre l'ordre d'occuper, à l'extrémité sud de la Corée, l'îlot et la baie de Port-Hamilton, si un bâtiment russe venait à s'en approcher. Le 10 mai le pavillon anglais fut hissé sur l'île. Installés là, les Anglais commandaient le détroit de Corée et enfermaient les Russes dans la mer du Japon. Le coup était rude pour le gouvernement de Saint-Pétersbourg; allait-il donc perdre la suprême partie, lui faudrait-il renoncer à tous ses projets, à tous ses espoirs? Il y eut, entre les deux cabinets, échange de notes aigres-douces : la Russie menaça d'occuper, par représailles, Port-Lazareff. Heureusement l'Angleterre s'aperçut qu'elle s'était abusée sur la valeur militaire de Port-Hamilton; la rade était mauvaise et l'îlot intenable. Elle consentit à l'évacuation du point qu'elle avait indûment occupé. Désireuse d'éviter un conflit pour lequel elle n'était pas prête, comptant sur le temps qui travaillerait pour elle, la Russie accepta. Elle renonça à s'établir à Port-Lazareff, les Anglais abandonnèrent Port-Hamilton [1].

Ces incidents eurent des suites considérables. La Russie comprit qu'elle ne pourait ni faire de progrès, ni même maintenir ses positions en Extrême-Orient tant qu'elle n'aurait pas relié par une voie ferrée les bords du Pacifique à ses possessions

[1]. Sur ces faits, voyez, dans les *Etudes publiées par les Pères de la Compagnie de Jésus,* l'article du R. P. Gaillard (15 avril 1895).

européennes. De ce jour l'idée du Transsibérien fut adoptée, les études préliminaires commencèrent. En même temps, le gouvernement donnait de fortes subventions à la compagnie de navigation d'Odessa à Vladivostok; elle construisit ces beaux bateaux de la « flotte volontaire » dont quelques-uns filent jusqu'à vingt nœuds et qui, le cas échéant, se transforment en croiseurs auxiliaires. Ce sont ces navires qui ont transporté à Vladivostok les canons qui arment le port militaire et le matériel qui a permis de commencer par les deux bouts à la fois le Transsibérien. — Comme la Russie, l'Angleterre sentit le besoin d'ouvrir, vers les mers chinoises, une voie plus courte que celle de Suez et entièrement britannique. Elle poussa activement les travaux du Transcanadien et créa, de Vancouver à Hongkong, une ligne de navigation desservie par les trois magnifiques *Empress*. Ainsi une conséquence inattendue des incidents de Port-Lazareff et de Port-Hamilton fut d'accroître le développement du Dominion, de faire sentir plus vivement à la Grande-Bretagne la nécessité d'en conserver la suzeraineté en lui accordant toutes les concessions qu'il réclamait. Les difficultés de 1886 furent donc la cause déterminante de la construction de la grande voie ferrée qui traversera toute l'Asie; elles attirèrent l'attention de toutes les puissances maritimes sur le développement du Japon, sur les ambitions russes et les convoitises britanniques. La question d'Extrême-Orient était ouverte.

Des considérations militaires et politiques avaient décidé la construction du Transsibérien; mais très vite son importance économique apparut. L'exemple du Transcanadien montra avec quelle rapidité la population peut affluer, la culture s'étendre et la civilisation naître partout où la locomotive laisse dans les airs son sillage de fumée. Dans les vieux mondes, les voies de communication servent de liens entre les différents centres de production et de population, elles les créent dans les nouveaux. Dès qu'une portion du Transsibérien fut ouverte à la circulation, les colons se répandirent par l'ouest dans les riches plaines de la Sibérie occidentale, et, par l'est, ils vinrent s'établir dans la vallée de l'Oussouri.

Mais ce fut surtout le développement économique de l'Extrême-Orient qui encouragea les Russes dans leur entreprise. Éblouis par les progrès du peuple japonais, les Européens crurent que la race jaune tout entière allait s'éveiller de sa longue apathie : il fut de mode de prophétiser la conquête de l'Occident par les Célestes ; on crut la Chine

capable de s'organiser elle-même, de devenir par
son propre effort une nation productrice et ex-
portatrice ; un avenir indéfini de richesse et de
prospérité sembla réservé au chemin de fer qui,
par une voie plus courte et moins coûteuse que
celle de Suez, jetterait sur l'Europe le stock énorme des marchandises chinoises. Entre la Chine et
l'Europe, la Russie apparut comme « l'honnête
courtier » de l'avenir. Dès lors les esprits s'enhar-
dirent en Russie jusqu'à prévoir l'aboutissement
du Transsibérien, non plus à Vladivostok ou à
Port-Lazareff, mais au cœur même de l'Empire
du Milieu[1]. On comprit que la régénération, ou
plutôt l'exploitation de la Chine, serait l'œuvre,
non des Chinois eux-mêmes, mais d'un peuple
plus actif, plus avancé et plus hardi. Quel serait ce
peuple, à qui seraient réservés les immenses bénéfices de la mise en valeur de l'antique Cathay ;
serait-ce à la Russie, à l'Angleterre, au Japon,
voire même à la France, à l'Allemagne ou aux
États-Unis ? Telle était la question ; elle apparaissait bien dès lors sous sa vraie forme : qui exploitera la Chine[2] ?

1. Déjà en 1889 les marchands réunis à Nijni-Novgorod demandaient « un embranchement courant sur les frontières de la
Chine pour faciliter les échanges avec les parties les plus peuplées
de l'empire chinois ».

2. Cette expression « qui exploitera la Chine ? » qui servait de

II

La guerre sino-japonaise a modifié profondément la situation respective des concurrents. Avant ce conflit, la Russie et l'Angleterre, seules en présence, se préparaient en silence à la lutte pour la Chine ; peu s'en fallut que le traité de Shimonosaki ne tranchât la question en faveur du troisième larron, le Japon.

Ce furent les Anglais qui, dans la première moitié de ce siècle, réussirent les premiers à ouvrir au commerce quelques ports de la Chine : à Hong-kong, à Canton, leurs négociants s'instal-

titre à notre article de la *Revue des Deux-Mondes*, nous a été reprochée. Le R. P. Gaillard, de la Compagnie de Jésus, missionnaire à Nankin, dans trois articles, d'ailleurs intéressants et fort courtois, parus dans les *Etudes* (t. LXXIV, p. 721, et t. LXXV, p. 22 et p. 198), nous reproche d'employer un terme qui « implique le mépris des droits d'autrui », qui « perpétue ce préjugé fâcheux que le but dominant de notre immixtion, à nous Européens, dans les affaires des peuples étrangers, c'est de les exploiter » et qui en outre est propre à disposer fâcheusement les Chinois contre les étrangers. — Mais, si telle était la réalité des choses, pouvions-nous donc la taire ? Qu'est-ce que les grandes puissances vont faire en Chine, sinon en exploiter les richesses ? Les événements qui ont suivi ont assez justifié notre expression. Ils ont montré que la question n'est pas : qui civilisera, qui christianisera, qui conquerra la Chine ? Mais qui l'exploitera, c'est-à-dire à qui profitera la mise en valeur de ses richesses ? Il est à remarquer d'ailleurs que cette exploitation ne lèse pas les intérêts chinois, les Célestes ont tout à gagner, au contraire, au développement économique de leur pays.

lèrent et amassèrent très vite des fortunes colossales. Ils vendaient l'opium indien et les cotonnades britanniques, achetaient les thés et les soies; et lorsque la Chine voulut faire cesser ce négoce qui ne profitait qu'aux étrangers, l'Angleterre et la France la forcèrent à coups de canon à consommer leurs produits. Ces procédés ne produisirent point le résultat attendu. L'Angleterre parla en maîtresse, voulut imposer par violence ce qu'elle ne pouvait obtenir par habileté; elle se heurta à la force d'inertie de l'immense « éponge » chinoise. La politique traditionnaliste de la Grande-Bretagne échoua pour la première fois contre un peuple endormi dans ses traditions, contre une monarchie qui prend l'immutabilité pour la force. Cette admirable diplomatie anglaise, si disciplinée et si souple, ne réussit pas en Extrême-Orient. Elle eut des sauts trop brusques qui déconcertèrent et effrayèrent l'immobilité chinoise. Tantôt elle a soutenu ouvertement des provinces révoltées contre le Fils du Ciel et préparé des projets de démembrement, tantôt au contraire elle a adroitement prêté à la Chine ses bons offices ; tout a été inutile. En vain les Anglais ont donné aux Chinois des instructeurs pour leur marine, organisé sur les côtes cet excellent système de douanes qui est le seul revenu régulier et liquide de l'empire; dans tous ces services intéressés, la Chine n'a vu que des moyens d'introduire chez elle les sujets et les marchandises britanniques. — Entre l'Angleterre, qui cherchait à brusquer la solution de la question d'Extrême-Orient, et la Russie, qui avait intérêt à la retarder, la Chine, naturellement, se tourna vers la Russie.

Pendant la guerre sino-japonaise, l'Angleterre a achevé, par les fluctuations de sa politique, de perdre son crédit en Extrême-Orient[1]. Depuis longtemps, elle méditait d'occuper les îles Chu-san, position stratégique de premier ordre, et de s'installer dans cette luxuriante vallée du Yang-tse, qui est comme l'artère principale de l'immense corps chinois ; 15.000 hommes, disait-on, devaient suffire à la conquête de cette autre Égypte. On avait tout préparé pour la réussite ; le Transcanadien, les *Empress* étaient là pour transporter les troupes. Peu s'en fallut que ce plan ne s'exécutât au début de la dernière guerre; il y eut une tentative de débarquement aux îles Chu-san ; mais les escadres étrangères veillaient, des croiseurs vinrent jeter des regards indiscrets sur les opé-

1. Rappelons que nous décrivons ici la situation immédiatement après la guerre sino-japonaise. Ce que nous avançons était, à ce moment, la stricte vérité. On verra dans notre troisième partie comment les fautes des grandes puissances permirent à l'Angleterre de regagner le terrain qu'elle avait perdu.

rations anglaises ; les troupes filèrent sur Hong-kong ; il fut convenu qu'elles n'avaient jamais eu d'autre destination. Leurs projets renversés, les Anglais changèrent de tactique : les loups se firent bergers. La diplomatie anglaise chercha à arrêter le Japon dans le cours de ses triomphes, à rendre les puissances garantes de l'intrégrité de l'empire chinois, et à les entraîner à une action collective ; les Anglais espéraient ainsi neutraliser l'effet de l'intervention russe, et prévenir l'occupation de la Corée par les troupes du tsar. La Chine n'eut pas d'amis plus empressés. L'amiral Fremantle poussa le zèle jusqu'à organiser avec ses croiseurs un système complet « d'éclairage » pour protéger et surtout renseigner les navires chinois affolés et cachés à Port-Arthur ou dans la rade de Wei-hai-wei. Un jour, — c'était au début de la guerre, — quelques croiseurs japonais arrivaient inaperçus dans le brouillard, *à six heures du matin*, pour bombarder Wei-hai-wei. Les forts chinois allaient être surpris : pour les prévenir, le commandant du *Mercury* imagina de saluer de 15 coups de canon le pavillon de l'amiral Ito [1]. Les Chinois coururent aux pièces, et l'escadre japonaise dut se retirer. — Autre fait :

---

1. On sait que, d'après les règlements maritimes, on ne doit saluer qu'à partir de huit heures du matin.

au début des opérations contre Wei-hai-wei (février 1895), l'escadre anglaise eut l'impudence de venir croiser entre la côte et la flotte japonaise pour gêner le débarquement des troupes : il fallut que l'amiral Ito l'invitât, par deux fois, à se retirer. — A Port-Arthur, les Japonais trouvèrent une liasse de dépêches de l'amiral Fremantle, informant jour par jour Li-Hong-Tchang des mouvements de la flotte japonaise.

Mais rien ne put empêcher l'irrémédiable défaite des Célestes. Dès qu'elle sentit la partie perdue, l'Angleterre fit brusquement volte-face; du jour au lendemain, elle abandonna la Chine et se rangea du côté du vainqueur. Du coup, elle perdit à Pékin l'influence qu'elle gardait encore : dans la lutte pour l'exploitation de la Chine, il ne resta plus que deux concurrents, la Russie et le Japon.

Par la géographie, par les mœurs, par ses qualités et ses défauts, le Russe est le plus oriental des Occidentaux; entre lui et l'homme de race jaune point de contraste violent. Bien plus que la morgue britannique, la souplesse et la patience moscovites sont capables d'inspirer confiance à l'apathie chinoise. A la différence des Anglais, les Russes n'avaient donc pas contre eux, dans leurs relations avec le Céleste Empire, l'antino-

mie absolue des caractères et des mœurs. Avec
une extrême habileté, ils ont profité de leurs
avantages.

Point de violences, point de coups de canon
dans les pacifiques relations de la Chine avec ses
voisins du nord. Depuis le traité de Nertchinsk,
les rapports politiques ont toujours été amicaux,
et cependant les empiétements de la Russie ont
été incessants. Avec un tact merveilleux, la diplomatie des tsars a toujours senti la limite précise
où il convenait de s'arrêter pour ne pas éveiller
les susceptibilités et les défiances du gouvernement de Pékin. Aujourd'hui ses avis sont écoutés,
sinon comme ceux d'un maître, du moins comme
ceux d'un tuteur. Au début, les Russes durent se
plier à bien des concessions : l'empereur de Chine
regardait le tsar comme un vassal; ils admirent
ces prétentions, consentirent à des traités humi-
liants. Ils attendaient l'heure propice. Lançant en
avant de hardis officiers, prêts, en cas d'insuccès,
à les désavouer, à les soutenir s'ils réussissaient,
ils s'arrogèrent le droit de naviguer sur l'Amour,
et annexèrent toute la rive gauche de ce fleuve[1].

1. Voici un curieux passage d'une lettre de Bakounine, datée
d'Irkoutsk, 8 décembre 1860. A côté de détails topiques, on reconnaîtra l'exagération habituelle à cet esprit outrancier. « Ici, à part
Mouravieff (il s'agit du fameux Mouravieff Amourski, gouverneur
général de la Sibérie orientale) j'ai fait encore connaissance d'un

Peu après, le territoire de l'Oussouri fut occupé, et la diplomatie russe profita des concessions accordées à l'Angleterre et à la France pour faire reconnaître la légitimité de ses nouvelles acquisitions.

Cette occupation d'un territoire par la force est d'ailleurs restée un fait isolé dans l'histoire des relations sino-russes. Il a fallu pour y décider le gouvernement du tsar l'absolue nécessité d'atteindre la « mer libre » et la conviction intime que la Chine accepterait le fait accompli. Au contraire, la politique moscovite a toujours été de

jeune général, Nicolas Paulovitch Ignatieff... Il revient de Chine, où il a fait des prodiges. Avec ses dix-neuf cosaques, il y joua le rôle le plus brillant et il sut en tirer pour la Russie des avantages plus considérables que ceux dont bénéficièrent l'Angleterre et la France, et cela sous l'œil de MM. les ambassadeurs de ces deux pays, lord Elgin et le baron Gros, qui, pourtant, avaient chacun une armée à leur disposition. Vous connaîtrez par les journaux le traité qu'il a fait signer, mais ce que les journaux ne vous apprendront pas, c'est la barbarie sans pareille qu'exercèrent en Chine les troupes anglaises et surtout les soldats français. Les premières, composées essentiellement de cipayes, se contentèrent, pour la plupart, de pillage, mais les derniers, français pur sang, sur tout leur parcours jusqu'à Pékin, violèrent les femmes, après quoi ils les noyèrent et leur coupèrent les pieds. Les Russes, grâce à leur génie national, à leur ingéniosité et à leur discipline, en tirèrent avantage. A la tête de ses dix-neuf hommes, Ignatieff se présenta comme le sauveur des Chinois, et nous voilà aujourd'hui fermement établis sur les rivages du Pacifique. » *Correspondance de Michel Bakounine : Lettres à Herzen et à Ogareff* (1860-1874) publiées par Michel Dragomanov ; traduction de Marie Stromberg. Paris, Perrin, 1896, in-18 ; voyez page 112.

Voyez encore : *l'Amiral Nevelsky et la conquête définitive du fleuve Amour*, par Vera Vend. Edition de la *Nouvelle Revue*.

faire respecter l'intégrité de l'empire chinois, de déjouer tous les projets de démembrement ourdis par les Anglais. Singulière contradiction de la politique : dans la « question d'Orient », la Russie voulait avant l'heure ouvrir la succession de « l'homme malade »; l'Angleterre défendit qu'on y touchât; en Extrême-Orient, l'Angleterre poussait au démembrement, la Russie s'y opposa. Soit illusion, soit habileté, elle crut et fit croire que la Chine était un « homme fort[1] ». De l'homme malade turc, la Russie n'a rien tiré; de l'homme fort chinois, elle entend devenir la protectrice et la gardienne. Elle n'a aucun intérêt à absorber parmorceaux un pays qu'elle espère tenir tout entier sous son influence et dans sa dépendance.

A une grande souplesse, la diplomatie russe a su allier, quand il le fallait, une absolue fermeté. Elle a appris, par une longue pratique, à connaître les Orientaux; elle fit quelquefois des concessions sur le fond, elle n'en fit jamais sur la forme. Qu'il s'agisse du local d'une réception officielle, de la chaise qui doit y conduire un de leurs représentants, ou de quelqu'une de ces éternelles questions d'étiquette qui surgissent à chaque

---

1. On se souvient qu'au début de la guerre sino-japonaise, la presse russe prédisait et escomptait la défaite du Japon. L'événement a contredit étrangement ces prévisions.

pas dans les relations avec les Célestes, les envoyés
du tsar ont toujours maintenu leurs privilèges et
fait triompher leurs prétentions. Ils savent combien
est grande en Orient l'importance du décorum, de
l'étiquette, du *look see* pour parler *piggin*. Ces
détails peuvent nous paraître futiles ; ils sont capitaux aux yeux des Chinois qui craignent avant
tout de « perdre la face[1] ».

L'intimité de la Chine et de la Russie a des
causes plus profondes. Les Chinois ont le sentiment très net de leurs intérêts. *Or, entre les intérêts russes et les intérêts chinois, il n'y a pas opposition, il y a similitude*. L'Angleterre, les États-
Unis, l'Allemagne, n'ont qu'un but : faire de la
Chine un immense débouché pour les produits
de leur industrie, lui imposer, au besoin par la
force, leurs marchandises. Au contraire, la Russie et le Japon cherchent à faciliter l'exportation en Europe des produits chinois. Du « péril
prochain », la Russie est loin d'être effrayée.
Grâce à son chemin de fer, elle sera l'intermédiaire entre la Chine productrice et l'Europe
consommatrice. Son industrie naissante n'aura
pas à souffrir de la concurrence de la main-d'œu-

---

1. Pour tout ce qui concerne le caractère chinois, voyez de
curieux détails dans *les Chinois chez eux*, par M. Bard. Paris,
Colin, 1899, 1 vol. in-12.

vre jaune ; au besoin, elle saura l'employer pour
inonder l'Europe de produits à bon marché. Pays
de culture et d'élevage, les provinces russes ne
produisent rien de ce que fournit la Chine ; elles
ont tout avantage à êtres mises en contact avec
l'innombrable population du Céleste Empire ;
l'immense courant d'échanges qui, par la nouvelle
voie ferrée, s'établira entre la Chine et la Russie,
portera la vie et la prospérité dans la steppe sibérienne : en exploitant la Chine, les Russes, du
même coup, mettront en valeur la Sibérie ; ils en
feront rapidement l'un des plus grands centres de
production agricole du monde [1]. — Au développement économique de la Chine, la Russie n'a donc
rien à perdre et tout à gagner.

Un homme sut comprendre cette situation ;
c'est Li-Hong-Tchang. — Ce Céleste rusé et retors
n'est point ébloui par notre civilisation, ni séduit
par nos progrès ; mais, avec une largeur de vue
bien rare chez ses compatriotes, il a senti que, pour
être une force, il fallait que la Chine, à l'exemple
du Japon, adoptât au moins les procédés et les
instruments de notre civilisation. Il paraît prouvé
d'ailleurs que certains arguments sonnants et tré-

---

1. Il est à remarquer que les Russes pourront employer pour
leurs cultures, en Sibérie et en Mandchourie, la main d'œuvre chinoise. Elle leur sera d'un très grand secours, surtout dans cette
fertile Mandchourie, qui ne manque que d'habitants.

buchants, employés à propos par les agents Russes, n'ont pas peu contribué à lui ouvrir les yeux. Sur une Chine immuable, il a voulu construire l'édifice artificiel d'une nation moderne. En butte à la jalousie et à l'opposition routinière de ses compatriotes, mal secondé, trahi même par ses subordonnés, il a vu ses projets renversés, sa flotte coulée, son armée détruite. Désespéré, il dut abandonner l'idée de créer, avec les seules forces chinoises, une Chine forte, vivante et libre. C'est alors qu'il se tourna vers le tsar. Sans illusion sur son désintéressement, il rechercha son appui et son amitié.

Mais avant de signer avec le gouvernement russe le contrat qui devait décider du sort de la Chine, avant de céder définitivement aux pressantes instances de la diplomatie moscovite, il vint en Europe et s'assura par ses yeux que, pour l'exploitation du grand marché chinois, aucun adjudicataire n'offrait des garanties plus sérieuses ou des conditions plus avantageuses que la Russie. A travers les capitales de l'ancien et du nouveau monde, le vieux mandarin promena sa robe de soie et sa plume de paon ; sous prétexte de commandes à faire, il visita les arsenaux, les usines, les ports ; on ouvrit toutes les portes à ce client de haut vol, on exhiba devant lui l'étalage des meilleures marchandises. Mais les commandes n'affluèrent pas; en bon commerçant chinois, Li-Hong-Tchang avait simplement voulu s'assurer de la situation politique et économique d'un pays avec lequel il allait conclure un marché gigantesque. D'un côté, il avait vu l'Angleterre, l'Allemagne, la France, les États-Unis pressés d'écouler vers l'Orient leurs machines, leurs tissus, tous les produits variés d'une industrie grandissante, et obligés, par les nécessités de la concurrence et d'une production chaque jour plus développée, par la fermeture des anciens débouchés, d'en créer de nouveaux ou d'en ouvrir, au besoin, par la force. D'autre part, Li-Hong-Tchang avait reconnu qu'à une intimité politique et économique la Chine et la Russie avaient même intérêt. — Ce fut désormais sur l'amitié russe que l'empire chinois fonda ses rêves de richesse et ses espérances de grandeur.

III

C'est en Asie même que la Russie a rencontré son adversaire le plus dangereux, le Japon. Les Japonais doivent aux Chinois leur civilisation, ils ont avec eux de grandes affinités[1]. L'ensem-

1. Voyez le très intéressant ouvrage de M. le Mis de la Mazelière, *Essai sur l'Histoire du Japon*. Plon, 1899, 1 vol. in-12.

ble compliqué des idées, des instincts, des façons
d'être, d'agir et de penser qui constituent l'âme
chinoise est pour nous une énigme indéchiffrable ;
les Japonais en ont la clef. Sinon de même race,
du moins de même famille, ils ont sur leurs frères jaunes la supériorité que donne un caractère
plus élevé et une intelligence plus ouverte. Le
Chinois n'est guère mû que par la piété filiale et
la cupidité ; le Japonais a un idéal plus noble : il
est ardemment patriote et toujours prêt à sacrifier
avec joie sa fortune et sa vie pour la gloire de
son pays. Il est en outre merveilleusement servi
par cette admirable faculté d'assimilation qui,
aux avantages de la race, lui a permis d'ajouter
ceux que l'Europe doit aux progrès d'une civilisation scientifique et industrielle.

Le Japonais ne hait point le Chinois ; il le considère comme un parent trop lent à s'élancer dans
la voie du progrès, trop apathique pour chasser
les Européens qui l'exploitent. Il veut ramener ce
frère égaré, lui communiquer son énergie, sa vita-
lité, sa foi. La guerre a pu éclater entre les deux
peuples, mais elle n'a pu creuser entre eux de
fossé profond. Pendant la lutte même, les Japonais
se piquaient de traiter généreusement leurs adversaires ; les sujets chinois purent rester au Japon
sans être inquiétés ; à peine étaient-ils insultés

(moins que ne le sont journellement les Européens
dans certains ports ouverts, comme Kobé ou
Yokohama). Au contraire, les Japonais qui avaient
cru pouvoir rester dans l'Empire du Milieu subi-
rent des vexations. Deux jeunes Japonais, accu-
sés d'espionnage, furent mis à mort à Nankin.
Les Japonais se plaisent à rappeler cette différence de conduite : ils en concluent que c'est
eux qui représentent le progrès, qu'ils ont le droit
et le devoir de civiliser, même par la force, la barbarie chinoise. Durant les hostilités, ils déclaraient
déjà qu'ils ne rechercheraient pas l'écrasement de
leur ennemi, mais qu'ils organiseraient son armée,
sa marine, son industrie et son commerce et le
rendraient capable de lutter contre l'intrusion européenne ; ils fermeraient ses ports et ses fleuves
à l'invasion des marchandises étrangères, ils de-
viendraient la tête de l'immense corps chinois ; à
son tour, on verrait la race jaune inonder l'Europe
de ses produits et drainer vers l'Extrême-Orient
tout l'or occidental. — Ces idées et ces projets ne
datent pas de la dernière guerre ; ils ont commencé
à se faire jour dès qu'au sortir de son long assou-
pissement dans l'anarchie féodale, le Japon prit
conscience de lui-même et de ses destinées. Indi-
gné de l'inertie chinoise, il se donna la tâche
d'affranchir la race jaune de l'humiliante tutelle

des Européens, d'arracher aux Occidentaux les bénéfices de l'exploitation de l'Orient[1]. Pour arriver à ce résultat, il prit le vrai moyen : la Chine se fermait, il s'ouvrit ; c'est avec nos propres armes qu'il se prépare à nous combattre.

Par sa situation géographique et par sa richesse, la péninsule coréenne devait être le premier ojbet de litige entre Japonais et Russes. Depuis longtemps, les Japonais considèrent la Corée comme une dépendance naturelle de leur pays. La conquête de cette presqu'île par l'impératrice Jingu, au IIIe siècle de notre ère, est peut-être de leur histoire le souvenir le plus vivant qu'ils aient conservé. Sur les deux rives du détroit de Corée, on trouve les mêmes cultures, les mêmes produits, le même climat ; les ports du Japon reçoivent et répandent dans tout le pays le riz coréen et les poissons salés ; économiquement le Japon et la Corée sont donc étroitement liés. En 1894, au moment où éclata la guerre, un diplomate japonais, M. Otori, négociait à Séoul pour faire abolir les défenses d'exportation du riz. Sitôt qu'il fut devenu une puissance, le Japon se souvint de ses droits histo-

---

1. Cela est si vrai que l'une des causes qui ont retardé l'essor du Japon et qui ont amené la crise économique dont il souffre, c'est précisément sa répugnance à accepter, pour ses entreprises industrielles, le concours des capitaux étrangers. Expulser l'Européen du monde jaune, tel, au Japon, reste, en dépit des apparences, le programme politique d'avenir.

riques sur la Corée; dès 1876 il forçait la cour de
Séoul à secouer officiellement la suzeraineté chinoise (traité de Kanghoa), à ouvrir au commerce
japonais les ports de Fusan, Gensan et Chemulpo,
à permettre aux officiers du Mikado de faire ce
rélevé hydrographique des côtes coréennes qui
leur a été si utile durant la dernière guerre. Des
Japonais allèrent s'établir dans les ports coréens,
ils y installèrent ces pêcheries qui rapportent
aujourd'hui 30 pour 100 à leurs actionnaires. En
même temps, le gouvernement de Tokio suscitait
à Séoul des intrigues anti-chinoises et soudoyait
un parti favorable aux prétentions japonaises. Il
y eut des émeutes, les soldats du Mikado intervin-
rent : un droit mal défini fut reconnu au Japon;
une sorte de condominium sino-japonais, de protectorat à deux, devait régir la péninsule. — Ainsi
la possession de la Corée est depuis longtemps le
rêve de l'ambition japonaise. Faire du détroit qui
baigne l'île de Tsu-shima un nouveau Bosphore,
confiner les Russes dans une mer fermée, tel a été
le but de la politique du Mikado. Contre ces projets, la diplomatie russe a lutté de toutes ses
forces[1].

Jusqu'à la guerre sino-japonaise, c'est presque

1. Sur l'histoire de Corée dans ces dernières années, voyez :
Villetard de la Guérie : *la Corée indépendante, russe ou japonaise.* Hachette, 1898, 1 vol. in-16.

uniquement en Corée que se manifesta la rivalité entre la Russie et le Japon. La question toutefois n'apparaissait pas comme insoluble. Au début de la guerre de 1894, le gouvernement du tsar négocia avec celui du Mikado un partage éventuel de la péninsule coréenne. La Russie aurait eu la côte est, c'est-à-dire un port libre et une rive du détroit ; au Japon serait revenue la partie ouest, productrice de riz, et l'île de Quelpaert. Les négociateurs avaient-ils la volonté d'aboutir, c'est ce que la guerre n'a pas permis de savoir.

On connaît les détails de la lutte. — Grisés par le succès, trouvant une Chine plus décomposée encore et plus friable qu'ils ne l'avaient imaginé, les Japonais vainqueurs émirent la prétention non seulement de faire la Corée indépendante sous la tutelle du Japon, mais encore d'occuper la Mandchourie méridionale avec la presqu'île du Liaotoung et Port-Arthur, de marcher sur Pékin, et d'aller affirmer leur triomphe aux yeux des Chinois dans la capitale même du Fils du Ciel.

Cette fois le Japon dépassait la mesure, et les Russes s'émurent. Sans bruit, en utilisant les tronçons du Transsibérien, ils concentrèrent de grandes forces militaires dans la province de l'Amour ; ils firent venir dans les eaux chinoises une imposante escadre, composée de leurs meilleurs navires. Tant qu'il s'était senti désarmé, le gouvernement russe avait leurré les Japonais par une apparente indifférence, il avait même formellement admis l'occupation définitive du Liao-toung ; mais quand il fut en état de parler haut, tout changea. — Confiants, les Japonais continuaient à s'enfoncer dans la Mandchourie, ils y organisaient une administration japonaise sur le modèle des *ken*. Mais, trop éloignés de leur base d'opérations, manquant de vivres, de munitions et surtout d'argent, inquiets des préparatifs russes, ils durent ralentir leur marche, renoncer au voyage triomphal que le Mikado devait faire à Port-Arthur et accepter l'ouverture de négociations pacifiques. Grandes étaient les prétentions des vainqueurs : ils réclamaient l'occupation de la Mandchourie et du Liao-toung avec Port-Arthur. La Russie, l'Allemagne, la France opposèrent leur *veto* : elles donnèrent, le même jour, au gouvernement du Mikado, le *conseil amical* de renoncer à des prétentions qui pourraient amener en Extrême-Orient une conflagration générale.

Le Japon hésita : il lui en coûtait de renoncer à des avantages si chèrement acquis, de reculer, lui, le vainqueur de la Chine, devant les menaces des puissances européennes. Mais la plus grande partie de son armée était en Mandchourie, victorieuse, mais épuisée ; la flotte n'était pas assez forte pour rester maîtresse de la mer en cas d'hostilités ; la puissance japonaise se trouvait coupée en deux : d'un côté, la nation et le gouvernement ; de l'autre, séparées par une traversée de cinq ou six jours, la flotte et l'armée. Le gouvernement du Mikado se voyait réduit à la cruelle alternative de renoncer aux avantages conquis en Mandchourie et même en Corée, ou d'accepter une lutte qui aurait exposé sans défense Hondo et surtout Yeso à un débarquement des Russes. Les conseils belliqueux et les encouragements clandestins ne manquèrent pas aux Japonais. On sait qu'il existe une puissance occidentale dont la politique louche, mais toujours heureuse, consiste à semer la discorde et la guerre, à envenimer les querelles et à prolonger les conflits pour neutraliser ses rivaux les uns par les autres et grandir elle-même sur les ruines de tous. L'Angleterre, dans la question sino-japonaise, n'a pas failli à sa mission séculaire ; elle avait d'abord pris ouvertement parti pour la Chine ; mais quand elle vit surgir une occasion nouvelle de brouiller les cartes et de combattre l'influence russe, elle abandonna brusquement sa protégée et passa du côté japonais ; du jour au lendemain, diplomates, consuls, marins, journalistes, simples

négociants obéirent au même mot d'ordre et souf-
flèrent au Japon la résistance. L'Angleterre avait
à la guerre un intérêt évident : comme l'a dit un
diplomate anglais, ce n'était pas uniquement pour
protéger ses nationaux qu'elle avait réuni en Extrême-Orient une si belle escadre de croiseurs,
mais pour surveiller les mouvements des flottes
russe et française. La tentative avortée sur les îles
Chu-san (novembre 1894) est là pour indiquer quel
genre de services l'Angleterre attendait des forces
qu'elle avait confiées à l'amiral Fremantle. Mais,
cette fois, le gouvernement britannique en fut pour
sa peine et ses volte-faces ; la diplomatie des autres puissances européennes déjoua ses combi-
naisons ; et le Japon, édifié par les événements
mêmes de cette guerre sur la duplicité et les
visées égoïstes de l'Angleterre, refusa de faire le
jeu de son ennemie de la veille et céda aux pressantes instances de la Russie, de la France et de
l'Allemagne.

Ni le tsar, ni ses conseillers ne désiraient la
guerre : ils résistaient aux entraînements des
amiraux Tyrtoff et Makaroff et répugnaient à une
lutte ouverte contre le Japon. Faire la guerre, c'eût
été laisser le champ libre aux agissements des
Anglais, leur donner une occasion de regagner
tout le terrain perdu par les fautes de leur diplo-

matie. On le comprit en Russie et l'on s'efforça de dénouer sans coups de canon une situation grosse de complications.

A l'exemple de la Russie, l'Allemagne intervint en Extrême-Orient. Le gouvernement de Guillaume II entretenait cependant avec celui du Mikado les meilleurs rapports[1]; mais, à son adhésion à la politique russe, il trouvait un double avantage économique et politique. Il craignit que le triomphe complet du Japon ne fût le prélude d'un essor prodigieux de sa marine marchande et de la ruine du cabotage allemand dans les mers chinoises[2]. En s'alliant à la Russie, l'Allemagne entrevoyait déjà ses cargo-boats transportant les denrées chinoises et japonaises à Vladivostok ou au port terminus, quel qu'il fût, du Transsibérien : ainsi, dans l'exploitation de la Chine, l'Allemagne réservait sa part de bénéfices. Une guerre

1. Les instructeurs de l'armée japonaise étaient presque tous allemands ; les Japonais en inféraient qu'ils pouvaient compter sur l'amitié de l'Allemagne ; l'événement les déçut et les mécontenta d'autant plus.

2. On sait que l'Allemagne, depuis 1870, a cherché à développer son commerce en Extrême-Orient ; elle fait à l'Angleterre, dans l'exportation des produits manufacturés, une concurrence redoutable. Les deux puissances se sont nui réciproquement pour le plus grand profit de la Russie et du Japon. L'Angleterre a conservé la majeure partie du trafic d'Extrême-Orient en Europe, mais le cabotage a passé aux mains des Allemands ; de Singapour et de Saïgon à Vladivostok, ils ont mis un très grand nombre de petits vapeurs en circulation; ils se sont faits les rouliers des mers chinoises.

pouvait sortir de l'ultimatum posé au gouvernement mikadonal ; elle aurait lieu surtout sur mer : quelle magnifique occasion pour les escadres russe et allemande d'écraser la jeune et déjà glorieuse marine du Japon ; quel beau coup de filet surtout à faire sur tous ces navires de la *Nippon-Yusen-Kaisha,* alors nolisés par le gouvernement et réunis à Talien-ouan! Les détruire, c'était supprimer pour le cabotage allemand la plus dangereuse des concurrences, lui assurer pour longtemps une grosse part des transports dans les mers orientales. L'empereur Guillaume II obéissait en outre à des préoccupations politiques : il saisissait une occasion de se rapprocher de la Russie et d'infliger à l'Angleterre un échec retentissant. A elle seule, cette considération était de nature à le décider. Isoler l'Angleterre, combattre sur tous les points du globe sa politique égoïste et envahissante, ressusciter contre elle les vieilles idées de blocus continental et de ligue des neutres n'est-ce pas la politique que son véritable intérêt trace à l'empire allemand, n'est-ce pas celle qu'il a longtemps paru préférer?

Nuire à l'Angleterre fut d'ailleurs le seul résultat de l'intervention allemande : la guerre n'éclata pas, les bâtiments japonais ne furent pas détruits, et de l'achèvement du Transsibérien le cabotage allemand ne profitera guère : il n'avait pas prévu que l'aboutissement du Transasiatique se ferait non point à Vladivostok, mais à Han-keou !

A la Russie et à l'Allemagne se joignit la France [1]. Depuis les guerres du Tonkin, nos relations avec la Chine n'avaient jamais cessé d'être quelque peu tendues ; au contraire, nos rapports avec le Japon étaient très amicaux : il s'adressait fréquemment à notre industrie et les meilleurs des navires vainqueurs au Yalu sortaient des chantiers de la Seyne. Mais notre politique générale nous faisait une loi de marcher d'accord avec la Russie, surtout au moment où l'Allemagne se rapprochait d'elle. Notre intérêt n'était pas en contradiction avec nos alliances. Un échec, en Extrême-Orient, du prestige britannique ne pouvait nous être indifférent. Nous pouvions d'ailleurs tirer de notre intervention des avantages politiques et commerciaux de premier ordre pour l'avenir de nos colonies asiatiques : seulement il ne fallait pas compter sur la reconnaissance des Chinois, mais l'exiger et nous faire payer en même

---

1. Quant à l'adhésion de l'Espagne, elle s'explique facilement. Le traité de Shimonosaki a donné Formose au Japon et l'a ainsi beaucoup rapproché des îles Philippines. Les Japonais ont des vues ambitieuses sur ces belles îles : leurs agents et leur or n'ont peut-être pas été étrangers aux récentes insurrections.

monnaie que les Russes. En tout cas, la France peut se rendre à elle-même cette justice que son rôle dans le conflit de 1895 a été avant tout pacificateur . Dans ces quelques jours d'anxiété qui ont précédé le 8 mai et où l'on doutait si le Japon céderait à l'ultimatum des puissances, ou si l'on en viendrait au canon, c'est à la prudence et à l'habileté de l'amiral commandant l'escadre française dans les mers chinoises que l'on dut surtout le dénouement pacifique d'une situation menaçante. Les Japonais nous ont su gré de nos efforts conciliateurs; ils ont renoué avec nous d'excellentes relations. Ils n'ont malheureusement pas de raisons de voir en nous, pour l'exploitation de la Chine, des concurrents dangereux.

Par le traité de Shimonosaki, le Japon n'obtenait que Formose et une indemnité de 3oo millions de yens [1]. Il devait renoncer à toute acquisition territoriale en Chine ou même en Corée. Le véritable vainqueur était donc la Russie : elle se posait en tutrice de la Chine, elle fermait le continent à l'influence japonaise; quant à ses deux concurrents européens, l'Allemagne et l'Angleterre, elle s'était servie de l'un et elle avait porté au crédit de l'autre un coup sensible.

---

1. Le yen valait, au moment de la guerre, 2 fr. 55 environ.

IV

C'est pour des profits économiques ou politiques nettement aperçus et depuis longtemps convoités que les puissances européennes se sont immiscées dans les querelles sino-japonaises; le conflit terminé, chacune d'elles fit sonner haut ses services et réclama pour récompense une part dans l'exploitation du Céleste Empire. Quels semblent être les vainqueurs dans cette lutte pour la Chine, c'est ce qu'il nous reste à chercher.

La Chine devait son salut à l'appui que la Russie lui avait donné et fait donner; elle n'eut ni le temps, ni le moyen de se montrer ingrate. Aussitôt après la conclusion de la paix furent entamés, entre la cour de Pékin et le cabinet de Saint-Pétersbourg, des pourparlers qui aboutirent à un traité secret arrêté dans ses grandes lignes dès le mois d'octobre 1895, et finalement ratifié en novembre 1896. Le nouveau pacte donnait une éclatante satisfaction aux ambitions des Russes; ce qu'une guerre n'aurait peut-être pu leur assurer, ils l'obtenaient sans coup férir. Militairement et commercialement, ils devenaient les maîtres de la Chine du nord et de la Mandchourie. Le gouvernement du tsar s'engageait à aider les Chinois à remettre en état et à fortifier les ports de la presqu'île du Liao-toung — Port-Arthur et Talien-ouan. — En échange, la marine russe userait librement de la rade et de l'arsenal de Port-Arthur et pourrait y établir un dépôt de charbon, de vivres, d'armes ; en cas de guerre, des troupes pourraient y être concentrées. Enfin les Russes possédaient sur la mer libre un port toujours libre de glaces ! Le but qui, depuis Pierre le Grand, semblait fuir toujours et s'éloigner comme un mirage décevant était atteint : la Russie ne resterait pas enfermée dans ses plaines et la solution qui, en Europe, aux Indes, à Vladivostok, lui avait échappé, elle l'avait enfin trouvée dans le golfe du Pe-tchi-li !

La rade de Port-Arthur s'ouvre presque à l'extrémité de la presqu'île du Liao-toung ; il était donc important pour les Russes de s'assurer l'entrée du golfe du Pe-tchi-li et d'occuper une position qui empêchât toute autre puissance de s'installer dans la presqu'île du Chan-toung. Ils reçurent le droit de prendre à bail pour quinze ans la magnifique baie de Kiao-tcheou, sur la côte orientale de cette péninsule, et, en cas de guerre, de l'occuper militairement [1]. La grande rade de Port-Arthur for-

1. Le traité signé à Pékin entre le comte Cassini, ministre de

tifiée et devenue la station d'hiver de la flotte russe, aura dans l'avenir une immense importance stratégique : elle s'ouvre sur la mer de Chine, en face de l'extrémité nord du Chan-toung, au croisement des grandes routes maritimes de ces parages si fréquentés : elle est la Bizerte des mers orientales.

Port-Arthur sera la base solide de la puissance russe en Chine. La place sera reliée directement par voie ferrée à la Sibérie et à Saint-Pétersbourg. Le traité russo-chinois, en effet, complété plus tard par le traité du 15/27 mars 1898, modifie profondément et complète les projets de chemins de fer déjà à demi réalisés par la Russie. Le gouvernement du tsar est autorisé à relier directement à travers la Mandchourie Nertchinsk à Vladivostok par Tsitsikar[1]. Le nouveau

Russie, et le Tsong-li-Yamen, et connu sous le nom de « traité Cassini », était un traité secret. Son existence a même été quelquefois mise en doute. Nous verrons, en effet, qu'au mois de novembre 1897, les Allemands occupèrent cette même rade de Kiao-tcheou sur laquelle les Russes avaient des vues et des droits éventuels. Mais « le traité Cassini », étant *secret*, il n'avait pas été notifié aux grandes puissances. *Officiellement*, le gouvernement allemand l'ignorait, et pouvait se dispenser d'en tenir compte. Nous verrons plus loin (ci-dessous page 158) qu'au moment de l'occupation de Kiao-tcheou par l'amiral Diederichs les Russes profitèrent de la circonstance et des alarmes de la cour de Pékin pour s'installer définitivement à Port-Arthur.

1. Voyez, pour tout ce qui concerne les chemins de fer, notre appendice I. Ci-dessous page 219.

tracé est de 55o kilomètres plus court que l'ancien
projet par la vallée de l'Amour ; au lieu de 9o.ooo
roubles par verste, il n'en coûtera que 5o.ooo. Il
traverse des régions fertiles, populeuses, qui lui
assureront un transit considérable. Les statuts
du nouveau chemin de fer, dit « chemin de fer de
l'est-chinois », sanctionnés par le tsar le 16 décembre 1896, sont entrés en vigueur le 16 février
1897 ; les travaux ont commencé dès la fin de la
même année et devront être terminés en cinq ans.
La banque russo-chinoise, créée à la même époque
et dirigée par le prince Oukhtomsky[1], se charge
de la construction et de l'exploitation de la ligne ;
seuls des Russes et des Chinois peuvent en être actionnaires. Les autorités chinoises doivent aide et
assistance, en cas de besoin, aux agents du chemin
de fer ; c'est d'ailleurs aux Russes qu'est confiée la
réorganisation des forces militaires chinoises dans
les provinces du nord ; mais, de plus, ils se réser-
vent le droit d'installer des postes militaires partout où ils le jugeront nécessaire pour la sécurité
de la voie ferrée. Pendant trente ans, à partir de
l'ouverture, la Russie conservera le contrôle et
l'administration de la nouvelle ligne et de toutes
celles qui pourraient être construites en Mand-

1. Sur ce personnage, voyez une pénétrante étude de M. Louis
Léger dans *Russes et Slaves*. 3ᵉ série. Hachette, 1898, 1 vol. in-12.

chourie ; passé ce délai, les Chinois pourront user d'un droit de rachat, mais, comme le disait un journal anglais : *this provision is delightfully vague*[1]. En réalité les Russes sont les maîtres de la Mandchourie, ils en absorberont tout le commerce. — D'autre part, on se préoccupait déjà de prolonger la courte ligne qui joint Chan-hai-kouan à Tientsin, jusqu'à Pékin d'une part, et de l'autre jusqu'à Port-Arthur par Niut-chouang et Talien-ouan ; dès lors un simple embranchement reliant Niut-chouang à la ligne de Mandchourie par Moukden et Girin suffirait pour amener les wagons russes du Transsibérien jusqu'à Port-Arthur et Pékin[2].

Il serait superflu d'insister sur la révolution économique qui résultera de l'achèvement de ces chemins de fer et sur les avantages qu'en retirera la Russie. De Pékin en Europe on mettra vingt jours, tandis qu'il en faut trente-cinq par le Transcanadien et quarante-cinq par Suez. Les marchandises utiliseront d'autant plus volontiers la nouvelle voie que, depuis quelques années, les

1. *Engineering* du 1er janvier 1897.
2. La ligne de Chan-hai-kouan à Pékin est aujourd'hui achevée. Voyez à notre appendice I toutes les difficultés que souleva l'affaire dite de Niut-Chouang. En même temps qu'elle a occupé Port-Arthur, la Russie s'est arrogé le droit de relier cette place au Transmandchourien. Au point de vue militaire et commercial, elle a réussi à rester seule maîtresse de la Mandchourie, en isolant Niut-Chouang et en coupant la communication entre ce port et l'intérieur. Ci-dessous, pp. 237 et suiv.

chemins de fer russes ont abaissé leurs tarifs des *trois quarts;* le prix des transports est devenu environ *le quart* de ce qu'il est en France. Le gouvernement du Fils du Ciel a consenti en faveur de la Russie à la suppression presque complète des droits sur les marchandises qui sortiront par ces voies ferrées, tandis que, à l'instigation des agents russes, il cherche à les élever sur les produits exportés par mer. Ainsi la Chine semble vouloir s'ouvrir du côté de la terre et se fermer du côté de la mer.

Des faits nouveaux sont venus grandir encore les espérances des Russes et aviver le mécontentement de leurs rivaux : la conclusion de la paix sino-japonaise provoqua dans tout l'Extrême-Orient un réveil d'activité et d'ambitions. Japonais et Européens crurent que toutes les barrières allaient tomber, que le mystérieux Cathay allait enfin s'ouvrir et que leurs bateaux, remontant les grands fleuves, leurs chemins de fer, pénétrant dans les provinces les plus reculées, allaient porter, jusqu'au cœur du Céleste Empire, la civilisation étrangère : tous, à l'envi, demandèrent des concessions de chemins de fer et de mines.

Ne pouvant pénétrer en Chine, les « Barbares » cherchèrent à favoriser la sortie des marchandises chinoises; ils furent amenés à s'occuper du Transchinois. Avec une hâte fiévreuse, on étudia des plans, on prépara des projets, on entama des négociations pour la construction d'une ligne qui relierait Pékin à Han-keou, sur le Yang-tse, centre de la production des thés, marché économique de premier ordre. Les Russes comprirent qu'ils allaient être prévenus et que, cette fois encore, les événements avaient devancé les calculs des hommes d'État. Ils aperçurent enfin quels avantages assurerait au Transsibérien la construction du Transchinois. En terminant leur grande ligne asiatique dans un port où les marchandises n'afflueraient que si elles y étaient apportées par bateaux, les Russes auraient mis leur commerce entre les mains des puissances maritimes, ils auraient fait bénéficier le cabotage d'une bonne partie du transit des denrées chinoises. Relié au contraire à une ligne Pékin-Han-keou, le Transsibérien ferait l'office d'une immense pompe allant puiser jusque dans les vallées du Hoang-ho et du Yang-tse les richesses chinoises et les déversant ensuite sur l'Europe ; le commerce russe ne dépendrait pas des compagnies de navigation japonaises ou allemandes, la Russie n'aurait pas fait le jeu de ses rivales.

Un syndicat franco-russe se forma pour la réalisation du Transchinois (début de 1896) : tout naturellement l'Allemagne s'en trouvait exclue ; la nouvelle combinaison allait à l'encontre de ses intérêts. Elle avait espéré que l'aboutissement du Transsibérien à Port-Arthur favoriserait le développement de son cabotage ; prolonger au contraire le Transsibérien par le Transchinois jusqu'à Han-keou, c'était ruiner ses espérances.

La tentative franco-russe échoua : les offres du syndicat furent rejetées par les Célestes. Un vent de progrès et d'activité parut un instant souffler sur l'immobilité chinoise ; les mandarins eux-mêmes semblaient sortir de leur apathie et s'éprendre des nouveautés exotiques. Le vice-roi des deux Hous, Chang-Chih-Toung, et le *taotaï* de Chang-hai, Sheng-Hsuan-Huai, entreprirent de réaliser eux-mêmes toutes les voies ferrées du Céleste Empire et d'évincer les étrangers en faisant appel au trésor impérial et aux capitaux chinois. En octobre 1896, ils remirent au Tsong-li-Yamen un long mémoire demandant la création d'un office central des chemins de fer. La ligne Pékin-Han-keou serait construite d'abord ; les bénéfices de l'entreprise permettraient ensuite d'étendre le réseau et de le laisser tout entier aux mains des Célestes. Ce beau projet ne put réussir faute de capitaux ; les deux promoteurs furent obligés d'accepter les offres étrangères. Un syndicat franco-belge se forma et offrit de se charger seul de l'exécution du Transchinois. Après de longues et délicates négociations, l'énergie du représentant de la France et la haute intervention du prince Oukhtomsky, directeur de la Banque Russe-Chinoise et du chemin de fer de l'Est Chinois, finirent par triompher de l'opposition de la diplomatie anglaise, allemande et américaine et par obtenir, pour le syndicat franco-belge, la concession de la ligne de Pékin à Han-keou. La ligne Han-keou-Canton fut accordée à un syndicat américain [1].

Quel que soit d'ailleurs le syndicat qui apporte aux Célestes son concours financier, c'est aux Russes surtout que profitera le nouveau chemin de fer. Le Transchinois se reliera à Pékin au Transsibérien : il sera le grand collecteur qui amènera aux lignes russes les richesses de la Chine centrale, les charbons du Chan-Si, les produits agricoles des deux Hous, les thés, les soies, les

---

1. Voir appendice I, page 219.

C'est le 27 juillet 1896 qu'un rescrit impérial permit à Li-Hong Tchang d'entrer en négociation avec le syndicat franco-belge. Au cas où le syndicat américain n'exécuterait pas ses engagements, le syndicat franco-belge a un droit de préemption sur le tronçon Canton-Han-keou. Quant à Chang et à Sheng, ils durent se contenter de créer une compagnie chinoise; et ce ne fut qu'avec l'appui de la banque russo-chinoise qu'ils ont réussi à entreprendre le premier tronçon (Pékin à Pao-ting-fou) de la grande ligne transchinoise.

porcelaines ; au lieu de descendre le Yang-tse
pour être transportées par Chang-hai en Europe,
c'est vers le nord que se dirigeront une bonne
partie des marchandises, c'est par les voies russes
qu'elles transiteront. Au point de vue commercial, c'est Han-keou qui sera le terminus du Transsibérien.

Dès le début de l'année 1897, la Russie était
donc sûre, grâce aux chemins de fer, d'obtenir une
grosse part des bénéfices de la mise en valeur du
Céleste Empire ; elle recueillait les fruits de son
entremise en faveur de la Chine aux abois. L'Allemagne, au contraire, avait retiré peu d'avantages
de son intervention dans les affaires extrême-
orientales. Elle avait espéré des faveurs particulières pour son commerce en Chine, mais elle ne
put rien arracher à l'ingratitude du Tsong-li-Yamen : d'ailleurs il aurait fallu que sa marine marchande obtînt des avantages tout à fait exception-
nels pour lutter contre la concurrence des Japonais qui sont chez eux, qui ont sur le lieu même
le charbon et qui paient si peu cher la main-d'œuvre. Tout ce que le Fils du Ciel accorda à l'Allemagne, ce fut un « concession » à Tien-tsin, maigre
résultat en comparaison des énormes avantages
militaires et commerciaux obtenus par la Russie.
Mal payée de reconnaissance par la Chine, l'Alle-

magne n'en fut pas pour cela moins détestée au Japon. L'opinion publique ne lui pardonna pas le ton arrogant et impérieux pris par son ministre pour donner au gouvernement du Mikado le « conseil amical » d'évacuer le Liao-toung. C'est peut-être, de tous les étrangers, contre les Allemands que les Japonais montrent le plus d'animosité. Il arriva un jour au ministre d'Allemagne, conduisant sa voiture, d'effleurer de son fouet deux étudiants qui, par bravade, ne s'étaient point dérangés ; il dut leur écrire une lettre d'excuses, et, malgré cela, la presse se déchaîna contre lui et réclama à grands cris son renvoi[1]. — Après les événements de 1896, l'Allemagne avait, en Extrême-Orient, une revanche à prendre.

Les intérêts français dans le sud de la Chine sont, toutes proportions gardées, analogues à ceux de la Russie dans le nord. Profitant habilement de l'intervention pacificatrice de 1895, notre diplomatie, intimement unie à celle du tsar, sut obtenir du Tsong-li-Yamen (20 juin 1895) des avantages moins importants sans doute, mais de même nature, et contrecarrer avec succès les efforts de l'Angleterre. Une mission française fut chargée

---

1. Les Allemands, d'ailleurs, ne cachent pas leur antipathie pour le Japon. La brochure de M. de Brandt : *Die Zukunft Ostasiens*, est fort instructive à cet égard.

de réorganiser l'arsenal de Fou-tcheou ; le Fils du
Ciel concéda à la compagnie de Fives-Lille l'autorisation de prolonger la ligne ferrée tonkinoise Phu-
lang-thuong-Langson jusqu'à Long-tcheou dans
le Kouang-si, à 70 kilomètres de la frontière [1].
Deux ans plus tard (20 juin 1897), notre ministre à
Pékin, M. Gérard, obtint, par une seconde convention, le droit de continuer ce chemin de fer dans
la direction de Nan-ning, et la création d'un
consulat à Mong-tse, dans le Yun-nan. Ainsi, attirer dans nos ports du Tonkin, par la voie du Fleuve Rouge ou par celle de Long-tcheou et Nan-
ning, une partie des marchandises qui transitent
actuellement par Canton ou Hong-kong, c'est-à-
dire par des voies anglaises, telle se précisait déjà,
dans les conventions de 1895 et de 1897, notre
politique vis-à-vis de la Chine. Le départ de la
grande « Mission Lyonnaise d'exploration commerciale en Chine » montra que l'initative des
négociants français était prête à profiter des succès de notre diplomatie.

Nos nationaux eurent, dès ce moment, à redou-
ter dans la Chine du sud la concurrence britannique. Les agents anglais s'efforcèrent d'obtenir
l'ouverture du Si-kiang au commerce européen

---

1. Sur cette négociation importante, voir nos *documents* : ci-
dessous p. 289.

(c'est-à-dire anglais) et la concession d'un chemin
de fer de Calcutta au Yang-tse par le Yun-nan ;
cette nouvelle voie commerciale ferait à nos chemins de fer du Tonkin, prolongés à travers le
Yun-nan et le Kouang-si, une redoutable concurrence. Mais les Chinois n'avaient pas oublié la
désinvolture avec laquelle les Anglais les avaient
abandonnés pour se tourner vers les Japonais
vainqueurs. Aussi, les Anglais n'obtinrent-ils que
des concessions de détail : la plus importante fut
l'abolition des droits de *likin* (douanes intérieures)
sur le Si-kiang, mais jusqu'à Ou-tcheou-fou seulement. Une nouvelle convention sino-birmane, analogue à notre convention du 20 juin 1895, concéda
aux Anglais quelques consulats et un morceau de
territoire dans le nord-est de la Birmanie. Enfin
la Chine consentit de vagues promesses de jonc-
tion des chemins de fer birmans avec ceux qu'elle
pourrait éventuellement construire le long du
Si-kiang, Ainsi se marquait très nettement l'opposition fondamentale des intérêts anglais et des
nôtres. Tandis que la Grande-Bretagne cherchait
à obtenir l'ouverture du Yang-tse et du Si-kiang
et se préparait à pousser ses chemins de fer à travers les montagnes du Yun-nan, la convention du
20 juin 1897 nous donnait la faculté de couper
à angle droit la voie commerciale projetée par les

Anglais. Les diplomaties française et russe avaient compris l'intérêt majeur qu'elles ont à contrecarrer les visées britanniques : elles entrevoyaient déjà leurs voies ferrées pénétrant par Pékin et par le Yun-nan jusqu'au cœur du Céleste Empire et détournant vers le nord et vers le sud une grande partie des courants commerciaux qui suivent, dans une direction ouest-est, le cours des grands fleuves et descendent vers les ports anglais.

Pas plus que les Chinois, les Japonais n'oublièrent les volte-faces de la diplomatie britannique et la brutalité de ses procédés; entre les deux gouvernements les relations restèrent froides. — Dans tout l'Extrême-Orient, l'antique prestige de l'Angleterre apparut, après la guerre sino-japonaise, singulièrement amoindri; les Orientaux avaient vu avec étonnement le Japon, soutenu par l'Angleterre et obligé cependant de se soumettre aux injonctions russes-françaises-allemandes : très « positivistes », ils cessèrent de respecter dans la Grande-Bretagne la maîtresse de l'univers. Au milieu de 1895, dans les affaires des massacres du Se-tchouen et de la convention Berthemy [1], les efforts du ministre anglais tardivement ap-

1. Voir dans le *Livre jaune* de 1898 les numéros 9, 23, etc.

puyés par une imposante démonstration navale, n'aboutirent à aucun résultat; la France au contraire, grâce au tact et à l'énergie de son représentant à Pékin, à l'activité et à la décision de son amiral, obtint, avec un bien moindre déploiement de forces, pleine satisfaction. Nos croiseurs vinrent, malgré une chaleur torride, montrer leur pavillon jusque devant Nankin. Le commandant français fit au vice-roi une visite que ce haut dignitaire vint en personne lui rendre à bord de *l'Isly*. Un mois après, l'amiral anglais mouilla à son tour devant Nankin avec tous ceux de ses bâtiments qui avaient pu remonter le fleuve ; mais le vice-roi refusa de le recevoir et, quelques jours après, les Anglais durent lever l'ancre sans avoir rien obtenu. Une note parut alors dans les journaux chinois. Elle expliquait que l'amiral Fremantle était venu pour offrir au vice-roi de vendre ses navires à la Chine, mais que celui-ci, ne les trouvant pas à son goût, avait refusé. Pour qui connaît le caractère oriental, de tels faits sont significatifs.

Les États-Unis d'Amérique se défendaient de toute prétention à l'exploitation de la Chine; ils étaient, ou ils feignaient d'être, dans leurs relations avec les peuples jaunes, absolument désintéressés; ils paraissaient chercher moins à s'assurer des clients qu'à se faire des amis. Aussi les Américains étaient-ils, au temps de la guerre sino-japonaise, vus avec faveur en Chine et le furent-ils longtemps au Japon ; mais l'annexion des îles Hawaï, sur lesquelles le gouvernement du Mikado avait des vues, édifia les Japonais sur le désintéressement des yankees.

En résumé, les Étas-Unis semblaient se désintéresser des affaires chinoises ; l'Angleterre, malgré quelques avantages obtenus, avait subi des échecs répétés qui avaient diminué, en Extrême-Orient, son influence et son crédit ; l'Allemagne, mal vue au Japon, payée d'ingratitude en Chine, voyait son cabotage menacé de ruine par le projet du Transchinois et les progrès de la marine japonaise. Seules la France et la Russie avaient obtenu des avantages sérieux ; il semblait qu'elles eussent gagné en prestige tout ce qu'avaient perdu l'Angleterre et l'Allemagne ; mais les intérêts français en Extrême-Orient ne sont que secondaires, et c'est la Russie qui aurait semblé l'avoir définitivement emporté dans la lutte pour l'exploitation de la Chine, si elle n'avait vu s'élever en face d'elle un jeune et dangereux rival, le Japon.

V

Comme ceux de l'Allemagne en 1870, les triomphes du Japon ont été le prélude et la cause d'un merveilleux développement de toutes les forces vives du pays. Les Japonais ont su faire servir l'indemnité de guerre chinoise — comme les Allemands nos milliards — à un prodigieux accroissement de leur puissance militaire et économique.

Avant la guerre déjà, les Japonais faisaient dans toutes les mers orientales, et jusque dans les Indes, un commerce chaque jour plus florissant. La guerre n'arrêta pas cet essor; le gouvernement nolisa les bâtiments de la *Nippon-Yusen-Kaisha*, mais celle-ci affréta, pour les remplacer, quantité de petits caboteurs allemands ou anglais que, la guerre finie, elle acheta pour la plupart [1]. Après le traité de Shimonosaki, le Japon, qui avait espéré devenir, dans tous les pays jaunes, l'initiateur de la civilisation occidentale, dut borner son ambition à développer sa puissance militaire, industrielle et commerciale et à régner sur le marché économique de l'Extrême-Orient. Il se mit

1. C'est ce qui explique que le tonnage de la flotte de la Compagnie ait — de 1893 à 1896 — passé de 64.000 tonnes à 126.000.

à l'œuvre avec l'ardeur et la foi que donne le succès : « le monde industriel japonais changea complètement sa face. L'esprit d'entreprise commerciale poussé par des gens optimistes, gonflés de l'orgueil national, gagna du terrain [1]. « Le gouvernement provoqua et seconda l'initiative privée : de 1896 à 1906 il prévoit, sous forme de subventions de tout genre au commerce et à l'industrie, une dépense de 70 millions de yens pour aider au progrès économique du pays. Le succès a répondu aux efforts des Japonais : en Corée, leur commerce a si bien supplanté le commerce chinois que la *China Merchant C*[o] n'envoie même plus ses navires dans les ports coréens ; les importations japonaises y étaient en 1894 de 12.500 livres sterling, en 1895 elles ont été de 78.000.

Ce n'est pas seulement chez eux, c'est en Chine même que les Japonais ont porté leur activité novatrice ; non contents de lier avec leurs voisins des relations d'échanges, ils sont allés sur place mettre en valeur les richesses du Céleste Empire. Voyageurs, commerçants, ingénieurs se sont répandus dans toute la Chine, se sont insinués jusque dans les provinces les plus reculées ; ils ont étudié, inventorié, supputé les richesses

1. Lettre de M. Ourakami à *l'Économiste français*, 12 septembre 1896.

de l'Empire du Milieu et cherché les moyens d'en
tirer parti. Initiés presque tous en Europe à nos
procédés de civilisation, habitués dès leur ado-
lescence à diriger, d'après les méthodes nouvelles,
les grandes compagnies commerciales, les exploitations industrielles, agricoles, les jeunes Japonais ont l'énergie créatrice et l'esprit d'entreprise;
ils ont en eux-mêmes et en l'avenir de leur race,
non pas la foi mystique des Slaves, mais cette
confiance qui pousse à l'action pratique et emporte
le succès. Très vite, ils ont commencé à établir
en Chine des usines; le bon marché dérisoire de
la main-d'œuvre les y encourageait; la journée
d'ouvrier coûte en Chine moitié moins qu'au
Japon, soit cinq ou six sous de notre monnaie.
Aussi les bénéfices furent-ils beaucoup plus considérables; les filatures chinoises rapportèrent
15 à 17 pour 100, tandis que celles du Japon ne
rendaient que 10 à 11. Séduits par les beaux
bénéfices, les Chinois se laissèrent peu à peu
gagner aux idées nouvelles. Leurs capitaux, dis-
simulés pour échapper aux exactions des vice-
rois, restaient improductifs; ils commencèrent à
les faire fructifier dans des entreprises industrielles dont ils confièrent la création et la direction à des ingénieurs japonais. Au Se-tchouen, un
syndicat de hauts fonctionnaires et de gros com-

merçants fonda ainsi une filature et une fabrique
d'allumettes. L'exemple sera suivi : les industries
les moins compliquées se développeront d'abord,
puis viendront celles qui exigent pour les ingénieurs de plus longues études, et pour les ouvriers
un plus long apprentissage. On commence par les
allumettes, et l'on finira par les locomotives, les
canons et les cuirassés. Et pour toutes ces industries, les capitaux afflueront : attiré par une plus
forte rémunération, l'argent européen, américain
ou japonais viendra jusqu'en Chine donner aux
entreprises nouvelles une impulsion féconde. Des
compagnies de navigation transporteront en Europe tous ces articles, produits abondamment et à
bon marché par le main-d'œuvre jaune, en inon-
deront nos marchés, en écraseront nos cours.

La force même des choses fera très grande la
part du Japon dans la réalisation de ce mena-
çant avenir. Les Chinois, frappés des succès
remportés sur eux-mêmes par ces frères jaunes,
cependant si dédaignés et si méprisés, finiront par
se laisser guider par leurs vainqueurs ; réconciliés
par une même haine contre les Européens, Chinois et Japonais s'entendront pour prendre sur
le terrain économique une revanche éclatante de
leurs humiliations passées. Les Japonais joueront
en Chine le rôle des Anglais dans l'Inde ; répan-

dus dans tout le pays, ils seront partout maîtres et directeurs ; avec la main-d'œuvre chinoise, ils exploiteront les capitaux chinois, ils feront du pays tout entier un centre de production intense. Mais s'ils modifient la physionomie du sol, ils ne changeront pas le caractère des habitants : les Célestes assisteront, intéressés, mais apathiques, à la transformation de leur antique patrie ; ils dédaigneront d'étudier eux-mêmes les procédés et la civilisation des « Barbares » ; ils se laisseront conduire par leurs frères jaunes, et cette direction que les Japonais sauront leur imposer sera si douce qu'elle ne les réveillera pas de leur éternel sommeil[1].

1. Depuis 1897, époque où nous essayions de montrer dans les pages qu'on vient de lire les effets de la guerre sino-japonaise, le Japon n'a pas joué en Extrême-Orient le rôle prépondérant que ses victoires semblaient lui réserver. Le trouble apporté dans son négoce par le changement d'étalon monétaire, une crise économique causée par la disette de capitaux disponibles, ont gêné pour un moment son essor, et cela, à l'heure même où la Chine, après Kiao-tchéou, s'ouvrait aux étrangers. Néanmoins, les opinions que nous émettions en 1897 sur l'avenir de l'Empire du Soleil Levant restent vraies en 1900. Le Japon — nous en disons quelques mots ci-dessous (page 215) — a voulu contraster par son apparent désintéressement avec la brutalité des convoitises européennes ; plus que jamais il semble que le jour viendra où la Chine, menacée de dépècement et foulée par l'étranger, se tournera vers les « frères jaunes » pour leur demander assistance. Personne ne doute que le suprême but des Japonais ne soit de se servir des instruments et des procédés de la civilisation européenne pour développer dans un sens vraiment national leur civilisation et pour, ensuite, chasser avec leurs propres armes les « barbares » d'occident. Ils ne cessent de conseiller aux Chinois d'adop-

VI

C'est la perspective d'une Chine ouverte et mise en valeur par les étrangers qui, après le conflit de 1894-1895, attira Européens et Japonais vers les pays si longtemps impénétrés de l'Extrême-Orient. A l'heure où la guerre sino-japonaise commençait d'ouvrir à l'activité novatrice des occidentaux les portes du Céleste Empire, c'est aux peuples que la nature a placés aux avenues de cet immense marché, les Russes et les Japonais, que sembla devoir revenir la meilleure part des bénéfices de l'exploitation de cette source nouvelle de richesses. Très vite même, on put les croire sur le point de s'en disputer par la force les profits à venir. Cependant l'antagonisme des intérêts des sujets du tsar et de ceux du Mikado n'apparut pas longtemps comme irréductible. Si les Japo-

ter une semblable tactique. Le fameux coup d'État avorté du malheureux empereur régnant était machiné dans la coulisse et dirigé par des mains japonaises. Le marquis Ito était, en effet, à ce moment même, en *mission spéciale* à Pékin. C'est sur ses conseils et avec la complaisance des Anglais, que le réformateur Kang yu-mei conçut et commença d'exécuter ses projets de rénovation du Céleste Empire. L'avortement de cette tentative a été un succès pour la politique russe et un échec pour les Japonais; ils n'en poursuivent pas moins, avec continuité et prudence, la tactique qui pourrait bien, tôt ou tard, faire d'eux les vrais dominateurs de l'Extrême-Orient ou les mettre aux prises avec la **Russie.**

nais réussissent à stimuler la production chinoise, les chemins de fer russes y trouveront naturellement leur avantage. La rémunération des capitaux énormes engloutis dans l'exécution de la grande voie asiatique ne peut être assurée que par un mouvement commercial considérable entre la Chine et l'Europe. L'exploitation des premiers tronçons du Transsibérien a donné des résultats inespérés : en quatre mois (1896) la section Tcheliabinsk-Omsk a transporté 320.000 tonnes de marchandises et 231.000 voyageurs; l'affluence a été si grande qu'il a fallu construire des baraquements pour les émigrants obligés d'attendre pendant plusieurs jours leur tour de départ. Ces débuts sont pleins de promesses, mais il n'en est pas moins vrai que c'est en Chine, dans les régions si riches où ses extrémités plongeront, que le Transsibérien devra aller chercher les marchandises dont le transport fera sa fortune. Plus l'activité des Japonais et, en général, l'initiative des étrangers fera produire au sol et à l'industrie chinoise, plus sera grande la prospérité du Transsibérien.

Pour enlever aux Russes ce transit rémunérateur, les sujets du Mikado se mirent, après la paix de Shimonosaki, à développer leurs compagnies de navigation. Chemins de fer russes, bateaux japonais parviendront peut-être à ruiner toutes les en-

treprises anglaises ou allemandes et à défier toute
concurrence. Sur mer, les Japonais auront sur
tous leurs rivaux des avantages décisifs : bas prix
de la main-d'œuvre, dépréciation de l'argent [1] et
surtout cet esprit de solidarité qui les unit tous
contre les étrangers : ils sauront abaisser leurs
tarifs, travailleront même quelque temps à perte,
jusqu'à ce qu'ils obtiennent le monopole des bénéfices convoités. Ne les a-t-on pas vus, en 1895,
faire baisser de moitié le fret de la tonne de Singapour à Londres, malgré l'entente de toutes les
compagnies européennes ? — La voie de mer sera
donc, en grande partie, japonaise; elle n'aura
qu'une sérieuse concurrente, la voie de terre russe.

Toutes les marchandises destinées à la Russie
elle-même, favorisées par la modicité des tarifs,
passeront par le Transsibérien; mais pour aller
dans les autres pays d'Europe, il faudra subir les
tarifs, relativement élevés, de l'Allemagne ou de
l'Autriche, et la différence d'écartement des rails
nécessitera un transbordement toujours onéreux.
Pour ces pays-là, la voie de mer restera la moins
chère, car le fret ne sera pas sensiblement différent, que les marchandises aillent de Han-keou

1. Sur l'adoption par le Japon de l'étalon or, voyez le rapport de
M. Klobukowski, consul général de France à Yokohama, dans le
Moniteur officiel du Commerce du 5 décembre 1895.

jusqu'à Odessa, Marseille, Anvers ou Londres. Mais le Transsibérien aura toujours l'avantage d'abréger d'un mois la durée du voyage ; les produits peu encombrants et de haut prix, comme la soie, ceux sur lesquels s'exerce la spéculation, comme le thé, préféreront la voie la plus rapide. Ne pourrait-on pas du reste créer de Marseille à Odessa, par exemple, ou du Havre à Cronstadt, des lignes de navigation qui seraient comme un prolongement maritime du Transsibérien et qui éviteraient les frais élevés du transit à travers l'Europe?

Ainsi chemin de fer russe et bateaux japonais répondront à des besoins économiques différents ; la prospérité de l'un ne sera pas la ruine des autres, ils pourront coexister sans s'entre-détruire ; ils se feront concurrence, mais rien n'indique qu'ils doivent se faire la guerre.

Dès lors l'animosité réciproque qui, après l'intervention du 8 mai, fut près d'armer les uns contre les autres Japonais et Russes, ne provenait-elle pas d'un amour-propre exagéré et mal placé ; n'était-elle pas le résultat d'un véritable malentendu ? Grisé par ses victoires, le jeune Japon crut un instant qu'il allait exercer sur la vieille Chine une véritable tutelle ; la Russie le réveilla de ce beau rêve et lui apprit que la mégalomanie est funeste aux puissances nouvelles. Les sujets du Mikado auraient tort de conserver rancune à l'ours moscovite de ce coup de patte un peu rude : la royauté économique du monde oriental, n'est-ce pas là une assez belle récompense promise à leur intelligence, à leur activité et aussi à leur modération ? Les Japonais seront sages de n'en point chercher d'autre : pour un résultat plus brillant que solide, ils exposeraient leur fortune à bien des hasards, peut-être à de cruelles déceptions.

Si la Russie avait espéré le monopole de l'exploitation de la Chine, elle aussi devait s'attendre à des mécomptes. Établir sur le Céleste Empire un véritable protectorat, faire pénétrer jusque dans la vallée du Yang-tse ses chemins de fer, ses soldats, ses marchands et ses colons, c'était là, pour le moment, une tâche trop vaste.

Les Russes constataient avec humeur le progrès de leurs rivaux dans le bassin du Fleuve : ils n'ont pas dû oublier cependant avec quelle ténacité les Anglais ont cherché à y implanter leurs négociants et leurs nationaux ; la place, laissée libre par les Japonais, eût été prise par les Anglais.

Les Russes l'eurent bientôt compris : ils cessèrent d'écouter les suggestions de la jalousie, et se hâtèrent de chercher avec les Japonais[1] un

1. Les Russes comprirent très vite le parti qu'ils pouvaient tirer

modus vivendi équitable : il y a place en Chine pour eux et pour leurs rivaux.

L'événement ne tarda pas à montrer, dans la question de Corée, la possibilité d'un accord. L'acuité du problème coréen était devenue moins vive depuis que les Russes avaient tourné par Port-Arthur la presqu'île qui leur fermait l'issue de la mer du Japon. Le gouvernement du tsar et celui du Mikado eurent la sagesse de s'entendre pour établir en Corée un véritable *condominium*. Une convention a été signée le 28 mai 1896 à Saint-Pétersbourg par le prince Lobanof et le maréchal Yamagata. Les deux parties reconnaissaient l'indépendance de la Corée et s'engagaient à aider le roi Li-Hsi à rétablir l'ordre dans ses États et à organiser ses forces militaires; elles s'arrogeaient le droit d'entretenir chacune un nombre égal de soldats pour assurer la protection de leurs nationaux; elles se partageaient la construction des chemins de fer et des lignes télégraphiques. Le nouvel arrangement substituait l'in-

du voisinage de l'Empire du Soleil Levant : ils y ont embauche un grand nombre d'ouvriers et c'est grâce à eux qu'ils peuvent mener si rapidement leurs travaux de chemins de fer ; les Chinois sont précieux pour l'endurance et la patience, mais pour la souplesse, l'adresse, l'intelligence, les Japonais n'ont pas de rivaux : ils se plient avez une étonnante facilité aux besognes les plus variées ; comme contremaîtres, directeurs de chantiers, les ingénieurs moscovites n'ont pas d'auxiliaires plus utiles.

fluence russe à l'ancienne influence chinoise délimitée par le traité de 1885 ; le régime restait un *condominium*, mais l'une des deux puissances avait changé : la Russie occuperait désormais à Séoul la place de la Chine [1].

Les causes de division entre la Russie et le Japon étaient donc atténuées ; aucune ne semblait irréductible ; mais le malentendu subsista. La Russie se hâta d'augmenter ses forces militaires, et le Japon commença de formidables armements. Le gouvernement du Mikado a prévu jusqu'en 1906 une dépense de 300 millions de yens pour la marine et l'armée. La première partie de ce programme doit être terminée en 1902 ; c'est à cette date aussi sans doute que Port-Arthur, fortifié et devenu le grand port russe des mers de Chine, sera relié par chemin de fer à Pétersbourg. Cette coïncidence éclaire le but visé par les Japonais dans leurs préparatifs militaires [2]. D'ores et déjà la redoutable échéance de 1902 inquiète les diplomates et préoccupe les gouvernements.

1. Depuis lors, les Russes, installés définitivement à Port-Arthur, ont semblé attacher moins de prix à la Corée. Une nouvelle convention, dite Nishi-Rosen, signée au début de l'année 1899, semble faire croire que les Russes se désintéressent pour le moment des événements de Corée.

2. Voir : Projets d'augmentation de la puissance maritime et militaire du Japon, par Jean de Marcillac, dans la *Revue maritime* d'avril 1897.

Si la Russie et le Japon se laissent entraîner sur
la pente des armements et des ruineuses dépenses
militaires et veulent s'éliminer réciproquement
des marchés chinois, non seulement ils manque-
ront leur but, mais ils ouvriront la porte aux ambitions étrangères : le Japon sera arrêté dans son
essor économique; la Russie perdra l'occasion de
résoudre dans d'autres parties du monde des questions qui sont, elles aussi, vitales pour son avenir.
Dans ces circonstances, le rôle de la France est
tout tracé : ouvrir les yeux aux deux rivaux, leur
montrer le péril et la solution, faire encore une
fois en Extrême-Orient œuvre de paix et de concorde. Nous sommes liés à la Russie par une
étroite amitié : dans les affaires sino-japonaises,
nous lui avons donné, en même temps que des
conseils de modération, un loyal appui. Quant
au Japon, il sait tout ce qu'il a dû, dans la crise
de 1895, à la sagesse, au calme de nos diplomates
et de nos marins. C'est à nous qu'il doit d'avoir
échappé au plus redoutable des périls : la Russie, l'Allemagne, étaient disposées aux moyens vio-
lents; les Russes, craignant de voir disparaître
leur dernier espoir d'obtenir un port libre sur une
mer libre, montraient une inquiétante ardeur belliqueuse; ils parlaient d'anéantir la flotte japonaise,
de profiter de l'occasion pour écraser leurs rivaux;

ils criaient qu'*on ne les arrêterait pas comme à San-Stefano*. Notre amiral calma les passions de ses alliés et conseilla aux Japonais la prudence. C'est peut-être à la France seule que la Russie et le Japon doivent *d'avoir évité les solutions violentes*. Cette modération et ces services ont grandi dans tout l'Extrême-Orient *notre prestige et notre crédit*.

Aucune puissance n'est donc mieux que la France placée pour prévenir un conflit futur. Or — suprême argument en ces matières — elle y a intérêt. La mise en valeur de la Chine sera pour nos colonies d'Indo-Chine un élément inappréciable de prospérité : nous pourrons prendre par le sud, comme la Russie par le nord, notre part dans l'exploitation du Céleste-Empire. Quant à la concurrence de la marine marchande et du commerce japonais, nous n'aurons guère à nous en préoccuper, car notre cabotage dans les mers chinoises est presque nul. — Nous avons à résoudre une question difficile, celle du Siam, où la politique anglaise contrarie notre influence ; nous n'avons pas su profiter de l'heureuse audace de nos marins en 1893 ; prenons garde d'être complètement évincés de la vallée du Meï-nam. On a déjà parlé d'une alliance entre le Siam et le Japon sous le patronage de la Grande-Bretagne. Une telle éventualité serait, pour la Russie et pour nous, très menaçante. Le seul moyen de l'éviter, c'est de dissiper tout malentendu, de supprimer toute cause de conflit entre Russes et Japonais. L'entente entre les deux concurrents pour l'exploitation de la Chine serait à l'avantage évident de tous deux ; leur désaccord servirait l'ambition et préparerait la rentrée en scène de ceux qui jalousent leurs succès.

C'est en Extrême-Orient, comme dans le monde entier, l'intérêt anglais de susciter les querelles et de faire naître les conflits ; le nôtre est de les prévenir et de les apaiser. Grandir aux yeux des Japonais les progrès russes, surexciter leur jalousie, les pousser à une lutte qui les jetterait fatalement dans les bras de l'Angleterre, tel est le jeu de la politique britannique. — Faire entendre à Saint-Pétersbourg comme à Tokio la voix de la vérité et de la paix, dissiper le mirage d'un antagonisme irréductible qui cache aux yeux des Russes et des Japonais leurs véritables intérêts, empêcher la naissance de querelles stériles qui feraient dans le monde entier la partie belle à nos adversaires, et paralyseraient nos amis, tel doit être le rôle de notre diplomatie. — La France semble réservée en cette circonstance à la tâche généreuse de médiatrice : elle y trouvera le moyen d'accroître le prestige de son nom, de développer son commerce et ses colonies, et en même temps de permettre à son alliée de sortir en Europe de son long « recueillement ». Tout se tient aujourd'hui dans le domaine de la politique. Non seulement l'ouverture de la Chine aux étrangers aura sur la vie économique du monde entier une incalculable répercussion, mais encore la question de savoir si Japonais et Russes se partageront à l'amiable ou se disputeront par la force les bénéfices de la mise en valeur de tant de richesses, importe au plus haut point aux intérêts vitaux de toutes les grandes puissances.

CHAPITRE II

L'AFFAIRE DE KIAO-TCHEOU ET LE PROTECTORAT RELIGIEUX EN CHINE
(1897-1899).

Sommaire. — L'intervention allemande en Chine et ses causes. — La question du protectorat des missions catholiques.

I. — La nouvelle orientation de la politique allemande. — La *weltpolitik*. — L'Allemagne a besoin des forces morales et cherche à s'appuyer sur le catholicisme. — La fin du *Culturkampf* et ses causes. — Bismarck et le catholicisme. — Politique de Guillaume II. — Le cardinal Ledochowski préfet de la Propagande et soutien de la politique allemande au Vatican. — Les amis de l'Allemagne à Rome. — Tentative anti-française. — Arguments des adversaires de la France. — Puissance du *Centre* allemand et politique de Guillaume II.

II. — Origines du protectorat de la France sur les catholiques en Chine. — Mgr Anzer et les missions allemandes. — Affaire du « Pétang » et mission de M. Dunn à Rome. — Projet d'une nonciature à Pékin. — M. Lefebvre de Béhaine en fait ajourner la réalisation. — Mgr Anzer à Rome et à Berlin : il se soustrait au protectorat français. — L'affaire de Kiao-tchcou et le sexennat maritime. — Mission de Mgr Anzer à Rome ; discours de Kiel. — Le baron de Bülow. — Les tentatives allemandes échouent auprès du Vatican. — Evolution politique du *Centre,*

III. — Lien entre les affaires d'Extrème-Orient et celles d'Orient. — Voyage de Guillaume II à Jérusalem. —

L'intervention décisive de l'Allemagne en Chine, si elle était devenue nécessaire pour la protection d'intérêts économiques et politiques dont nous avons eu déjà l'occasion d'indiquer l'importance, a été provoquée par le massacre de deux missionnaires catholiques. L'on risquerait de n'avoir de la politique allemande qu'une idée incomplète et inexacte, d'en méconnaître le but et les procédés, si l'on négligeait d'en étudier les éléments religieux. L'acte de Kiao-tcheou se rattache à un vaste dessein de politique extérieure; il est lié à la longue série de tentatives que le nouvel empire a multipliées afin d'enlever à la France, en Orient comme en Extrême-Orient, l'honorable et précieuse charge de protéger les missionnaires et de représenter dans le monde cette force morale incomparable qu'est le catholicisme. La « question du protectorat » des missions catholiques est l'une des faces de la « question d'Extrême-Orient, » comme elle est un des aspects de la « question d'Orient ». Ainsi envisagée, l'affaire de Kiao-tcheou a ses racines jusque dans la politique intérieure de l'Allemagne. C'est là qu'il nous faut aller en chercher l'origine et l'explication, si nous voulons discerner la place qu'elle occupe dans l'enchaînement logique et continu des efforts de l'empereur Guillaume II pour inaugurer dans le monde, au triple point de vue économique, politique et religieux, l'ère germanique.

Une immense intrigue dont le but est depuis longtemps marqué, mais dont les ressorts varient à l'infini avec les pays et les circonstances, est impossible à suivre dans ses détails et dans sa complexité : on n'en aperçoit du dehors que les résultats et, pour ainsi dire, les sommets. Partout où le protectorat des catholiques confère à la France des droits et lui impose des devoirs, dans l'Empire chinois comme dans l'Empire turc, en

Extrême-Orient comme en Orient, à Rome même, il nous faudra suivre l'action convergente de la politique allemande : on n'en saisirait ni le sens, ni l'intérêt si l'on en ignorait le point de départ et l'aboutissement. L'occupation de Kiao-tcheou, les discours retentissants de Kiel, suivis du voyage du prince Henri de Prusse sur les côtes du Céleste Empire et du pèlerinage du *Kaiser* en Palestine, ne sont, en effet, que des étapes décisives dans une marche depuis longtemps entreprise et patiemment poursuivie. Comment la politique allemande, nettement consciente de ses fins, a suivi les mêmes voies en Orient et en Extrême-Orient, comment enfin l'intervention de Kiao-tcheou n'a été qu'un épisode saillant d'une histoire déjà ancienne, c'est ce que, dans les pages qui vont suivre, on se propose de montrer.

I

« Le pouvoir impérial implique le pouvoir sur mer ; l'un ne saurait exister sans l'autre. » En émettant, dans son fameux toast du 15 décembre 1897, cet étrange solécisme historique, Guillaume. II donnait la formule précise de la nouvelle politique allemande ; et son frère lui répondait :

« Une grande époque est venue, époque importante pour la nation et pour la marine. » Si l'on sait découvrir sous les formules pompeuses du style impérial les vérités qu'elles enveloppent, les discours de Kiel marquent « un tournant de la carrière nationale de l'Allemagne. »

Après 1871, l'Allemagne unifiée était, par le prestige de ses armes et l'éclat de ses récents triomphes, au premier rang des puissances occidentales. L'Autriche était humiliée ; la France foulée, saignée à blanc ; la Russie occupée et « recueillie » chez elle ; l'Angleterre était maîtresse des mers, dominatrice des mondes nouveaux : mais, sur le sol européen, nulle tête ne s'élevait plus haut que celle de la « Germania ». — Montée au premier rang par la force militaire, l'Allemagne s'efforça de n'en plus déchoir. Dans la dangereuse ascension des peuples vers l'hégémonie, il faut, pour ne point redescendre, monter sans cesse ; la fatalité précipite jusqu'en bas ceux qui s'attardent ou stationnent : ce fut dans le domaine économique que l'Allemagne porta ses efforts et déploya son énergie. Constamment, graduellement, la prospérité du nouvel empire grandit, et l'expansion allemande commença. Comme un homme pauvre qui, devenu opulent, change son genre de vie, ses relations et jusqu'à ses opinions, l'Allemagne enrichie dut modifier sa politique. Dans la direction de ses affaires extérieures, elle dut tenir compte d'éléments nouveaux, veiller sur des intérêts plus compliqués. En Océanie, en Afrique, elle a acquis des territoires ; ses vaisseaux marchands sillonnent toutes les mers, ils vont jusque dans les parages lointains de la Chine, porter les produits de l'industrie germanique ou se livrer aux opérations lucratives du cabotage. Des milliers et des milliers d'Allemands, trop-plein d'une population prolifique, essaiment par le monde, aux États-Unis, dans l'Argentine, au Chili, en Syrie, de véritables colonies qui, devenues grandes et riches, conservent leur langue et leurs journaux, tendent à se souder les unes aux autres, et deviennent comme les pierres d'assise de l'édifice futur de la « Grande Allemagne ». Cet état de choses nouveau a créé pour le gouvernement des nécessités nouvelles. Les affaires du monde viennent maintenant retentir à Berlin comme elles retentissent à Londres, à Pétersbourg, à Paris, au Vatican ; l'Allemagne porte ses regards au delà de ses frontières européennes jusque vers ces immenses étendues de terres inexploitées où un avenir indéfini semble réservé à la race germanique ; sa frontière de Lorraine et celle de Pologne, sans cesser de l'occuper, ne l'occupent plus uniquement ; sa politique est devenue une politique « mondiale » (*weltpolitik*).

Voilà l'évolution qu'a merveilleusement comprise et énergiquement favorisée l'empereur Guillaume II. A défaut d'actes, il suffirait pour le prouver de son discours de Kiel. Cette harangue, romantique de forme, mais d'une précision troublante si l'on en pèse les termes, venant après le coup de force de Kiao-tchéou, en dit long sur les tendances et les ambitions de la politique allemande.

L'Allemagne a la puissance militaire, elle a la puissance économique ; elle aura bientôt la puissance maritime, mais elle a besoin de l'appui des forces morales : sur la scène du monde, elle ambitionne de représenter un principe. Fonder sa prééminence universelle sur la protection du christianisme protestant et catholique, relier entre eux les centres épars de l'influence germanique par un double protectorat religieux, avoir par le globe une clientèle à la fois religieuse et économique qui répandra l'idée allemande, achètera les produits allemands et qui, tout en professant l'évangile du Christ, prônera « l'évangile de la personne sacrée de l'empereur », telles sont les maximes directrices de la politique de Guillaume II hors de l'Europe.

Le catholicisme, avec ses dogmes, son chef partout obéi, sa hiérarchie, ses vaillantes milices de missionnaires, est sans doute l'une des plus puissantes parmi les forces morales qui aspirent à guider l'humanité. Lier cette force morale immense à l'immense force matérielle de l'empire allemand, quel rêve ! Ce rêve, Guillaume II l'a fait et il entend le réaliser. Si, arrangeant l'histoire à sa façon, il se souvient que « la Hanse allemande a fini par tomber en décadence parce que la protection impériale lui faisait défaut », il sait aussi que l'empereur fut jadis, dans l'œuvre de propagation et de défense du catholicisme, le collaborateur des papes. Malgré Luther et la Réforme, il ne cache pas son désir de renouer cette union féconde. « Prêtres ou négociants, » sa sollicitude impériale s'étendra aux uns et aux autres. Il ne sépare pas la protection de la « nouvelle Hanse allemande » de celle « des missionnaires allemands, ses frères ». Expansion par le commerce et le protectorat religieux : voilà la fin et voilà les moyens.

Il est singulièrement instructif de constater, en rapprochant les dates, qu'en Allemagne la fin du *Culturkampf* a coïncidé avec les début de l'expansion coloniale. Il semble que M. de Bismarck ait voulu, au moment où il engageait son pays dans la voie des conquêtes d'outre-mer, rétablir à l'intérieur la concorde troublée par les lois de mai et ménager une entente entre le siège de saint Pierre et le nouvel empire d'Occident. Ce fut à l'occasion d'un litige aux îles Carolines, entre l'Allemagne et l'Espagne, que le choix du pape comme arbitre ouvrit une ère nouvelle de relations pacifiques entre le Chancelier de fer et le « Prisonnier » du Vatican. Avec son génie pratique, M. de Bismarck, qui avait cru nécessaire de briser le catholicisme pour achever l'unité allemande, entrevit que son pays aurait tout à gagner à une entente avec le Saint-Siège ; il comprenait mieux, à l'heure où le prodigieux exode des colons commençait à répandre partout des provins de la race germanique, la nécessité de ménager une puissance religieuse qui exerce son action dans le monde entier. En outre, il lui semblait opportun de se rapprocher de Rome au moment où la France, dont il épiait avec jalousie le relèvement, s'engageait dans la guerre contre le « cléricalisme », et menaçait de rompre les liens séculaires qui unissaient l'Église à sa « fille aînée ». Il suivait avec une attention joyeuse, — on affirme même qu'il encourageait, — l'éclosion chez « l'ennemi héréditaire » de ce fléau du *Culturkampf* dont il avait éprouvé toute la force de décomposition, toute la puissance délétère. Et tandis que ceux qui conduisaient la France, restés des hommes de parti quand ils auraient dû être des hommes d'État, nous lançaient, à l'exemple de la Prusse, dans l'épuisante série des luttes religieuses, le gouvernement de Berlin, changeant de tactique, fit sa paix avec Rome; — et, parce que c'était l'intérêt de sa patrie, le prince de Bismarck alla à Canossa.

Prompt à se débarrasser de la tutelle étouffante de son chancelier, l'empereur Guillaume II ne le fut guère moins à reprendre, en les agrandissant, les projets ébauchés au temps de son grand-père. Avant même son avènement, le petit-fils de Guillaume I⁽ᵉʳ⁾ considérait déjà comme nécessaires et bienfaisants la paix religieuse et l'accord avec le Saint-Siège. « Je suis infiniment content, écrivait-il le 1⁽ᵉʳ⁾ avril 1887 au cardinal de Hohenlohe, que cette funeste lutte soit finie [1]. » Devenu empereur, Guillaume II, tout en demeurant fidèle à l'alliance du roi Humbert, chercha, par une étrange contradiction, à se concilier les dispositions favorables de Léon XIII. Sans bruit, mais avec patience et continuité, les intrigues allemandes s'agitèrent autour du Vatican.

Guillaume II et ses ambassadeurs trouvèrent dans l'entourage de Sa Sainteté le précieux concours de personnages ecclésiastiques haut placés,

---

1. *Il cardinale Kopp e la sua missione a Roma* par M. Vincenzo Riccio, député. Article de la *Nuova Antologia* du 16 mai 1898.

et connaissant merveilleusement ce terrain romain où les novices sont exposés à tant de faux pas. Parmi ces ouvriers de l'influence allemande, le cardinal Ledochowski, aujourd'hui préfet de la Propagande, fut l'un des plus actifs et des plus utiles. — Polonais d'origine, archevêque de Posen, Mgr Ledochowski devint célèbre comme martyr du *Culturkampf* et ennemi particulier du prince de Bismarck, qui jalousait en lui un ancien familier de la cour de Guillaume Ier et un ami de l'impératrice Augusta. Ce fut en fugitif, après trois années passées dans la prison d'Ostrowo, que l'archevêque de Posen arriva à Rome où Pie IX lui donna asile et le protégea contre la haine tenace du chancelier. Quand vint la pacification religieuse, pour faciliter une entente, le Saint-Siège demanda à l'archevêque sa démission, mais il le nomma avec éclat préfet de la Congrégation des Brefs et, quelques années après, préfet de la Propagande. Si l'on excepte le souverain pontificat et la secrétairerie d'État, la direction de la Propagande est la plus haute fonction du gouvernement de l'Église. Tous les « pays de missions », — c'est-à-dire la plus grande partie des terres habitées, — sont sous la juridiction du préfet de la Propagande. Il est le « ministre des colonies catholiques »; il est en relations directes avec presque toutes les nations, il a partout des pionniers et des soldats qu'il dirige sous le seul contrôle du pape; il dispose par le monde d'une immense influence. En élevant Mgr Ledochowski à cette éminente fonction, Léon XIII et le cardinal Rampolla crurent y placer un collaborateur dévoué et convaincu de leur politique. Mais, Polonais de race et de tendances, aristocrate d'instincts, le cardinal ne put élever son esprit jusqu'à cette politique aux larges horizons, génératrice des victorieux lendemains, que le pape régnant et son secrétaire d'État ont inaugurée. Lorsque Léon XIII eut renouvelé l'antique enseignement social de l'Église et incliné vers les souffrances des peuples la majesté de la tiare, lorsque l'alliance franco-russe eut été conclue, lorsque aussi M. de Bismarck fut tombé, le préfet de la Propagande redevint l'ami de l'Allemagne, l'adversaire systématique de la France et de la Russie; et quand, en 1889, l'empereur Guillaume II vint à Rome, sa première visite fut pour l'ancien martyr du *Culturkampf*. Dès lors, le cardinal Ledochowski devint dans le monde catholique le patron des intérêts germaniques. On vit se grouper autour de lui, sous les mêmes bannières, tous ceux qui, dans la Rome papale, jalousaient la gloire du pontificat ou en détestaient les « directions »; ceux

qui rêvaient entre le Quirinal et le Vatican une
chimérique *conciliazione;* ceux encore qui, sous
le règne de Léon XIII, préparaient ou escomptaient l'avènement de son successeur; ceux enfin
qui, par leurs origines ou leurs tendances nationales, étaient les adversaires naturels de la République française ou du tsar de Russie : Mgr de
Hohenlohe, cardinal de curie pour l'Allemagne,
et Mgr Galimberti, qui joignait au zèle d'un
« conciliateur » la souplesse d'un *papabile*, comp-
taient, avec Mgr Ledochowski, parmi les inspira-
teurs les plus éminents de ce parti gibelin. C'est
par la Propagande surtout que ces ennemis de
l'influence française exercèrent leur action. — En
1894, quand mourut le cardinal Lavigerie, notre
gouvernement put craindre que la Propagande
n'eût le désir de subordonner à des influences
italiennes ce siège de Carthage que ce grand ouvrier de l'œuvre catholique et de la grandeur française avait restauré et illustré. Il fallut l'intervention énergique de M. le comte Lefebvre de Béhaine
pour arrêter cette tentative anti-française, faire
évoquer l'affaire à la secrétairerie d'État, et conclure une sorte de concordat qui excluait à jamais
de la régence que nous protégeons toute ingérence
étrangère.

La pesée secrète, mais continue, qu'exercent à

Rome les personnages défavorables aux intérêts français a rarement produit des effets aussi retentissants, mais nos adversaires savent profiter de toutes les occasions pour battre en brèche notre influence et miner lentement notre protectorat des missions. D'ailleurs, ni les arguments spécieux, ni les raisons d'apparence plausible ne leur font défaut.

Ils savent mettre en parallèle l'Allemagne pacifiée et son gouvernement devenu favorable au catholicisme, avec la France troublée par les guerres religieuses et son « gouvernement maçonnique ». Ils vont répétant que la France, persécutrice chez elle des catholiques, ne saurait remplir efficacement au dehors sa charge de protectrice du catholicisme. Ils demandent par quelle étrange contradiction le gouvernement, qui ferme les couvents et chasse les religieux, demeurerait en Orient le gardien de ces mêmes couvents, de ces mêmes religieux ? Entre la « France rouge », la « Russie schismatique », et « l'Allemagne conservatrice », l'hésitation, à les entendre, n'est pas permise pour le Saint-Siège : c'est du côté de l'empire germanique que sont ses intérêts et sa dignité. Tel était le langage que tenaient, dès l'époque où M. de Bismarck commença d'engager l'Allemagne dans la politique d'expansion, les journaux de Berlin et de Vienne. Avec plus de précautions peut-être aujourd'hui, mais avec plus d'insistance et des visées plus nettes, les amis de l'Allemagne font entendre à Rome les mêmes arguments.

Par une singulière fortune, Guillaume II trouve dans l'accroissement extérieur de la puissance allemande la solution des difficultés intérieures de son gouvernement. « La couronne impériale a été, pour Votre Majesté, entourée d'épines, » lui disait à Kiel son frère le prince Henri. Ces épines, ce sont les partis politiques qui perfidement les ont glissées entre les plaques d'or de l'insigne impérial. Guillaume II, pas plus que Bismarck, n'a jamais disposé au Reichstag d'une majorité compacte et aveuglément dévouée. Le chancelier, au temps du *Culturkampf*, s'appuya sur le « Cartel » pour gouverner contre les catholiques; l'empereur, dans le désarroi des partis libéraux, est obligé de s'appuyer sur le *Centre catholique* pour gouverner contre les socialistes. Les cent députés catholiques sont « l'axe », l'*entscheidende Partei*, du Reichstag. Au dehors, l'empereur se fait le défenseur et le champion du catholicisme; il couvre les missionnaires de sa protection auguste; au dedans, il fait voter par le *Centre catholique* les lois dont il a besoin.

C'est en entraînant derrière lui les partis éblouis par sa gloire, c'est en donnant à son peuple les richesses, qu'il compte prévenir les crises redoutables et détourner les catastrophes menaçantes. C'est en faisant l'Allemagne très grande que Guillaume II entend élever, au-dessus des ambitions mesquines et des vaines agitations parlementaires, la sereine majesté du pouvoir impérial.

II

Par le droit historique, par la force des armes, par le texte des traités et la confiance des missionnaires, le protectorat des catholiques dans le Céleste Empire appartient à la France. Il serait superflu de refaire l'historique de l'établissement de notre protectorat religieux en Chine[1]. Rappelons simplement qu'au début de ce siècle les missionnaires étaient persécutés, traqués, qu'il en restait à peine quelques-uns dans l'Empire du Milieu, lorsque, pour la première fois, par le traité de Whampoa, signé le 24 octobre 1844 par M. de Lagrené, le gouvernement du roi Louis-

---

1. Cette histoire a été faite jusqu'en 1887 d'une manière très complète et très intéressante dans la *Revue des Deux Mondes* du 15 décembre 1886 : *les missions catholiques en Chine par* ***

Philippe prit sous sa protection les religieux français. Le traité de Tien-tsin (27 juin 1858) et la convention de Pékin (25 octobre 1860), dictée par le baron Gros, quand nos troupes campaient devant la capitale, confirmèrent et complétèrent le traité de 1844 et firent rendre aux catholiques « les établissements religieux et de bienfaisance qui avaient été confisqués pendant les persécutions dont ils avaient été les victimes [1] ».

Par la force des choses et pour leur plus grand avantage, les missionnaires non français bénéficièrent de la protection de notre gouvernement ; sollicité par les religieux, encouragé et approuvé par le Saint-Siège, énergiquement exercé par nos ministres à Pékin, notre protectorat s'étendit à tous les catholiques européens. — C'est donc la France qui a la charge de veiller sur la vie et sur les biens, non seulement des religieux français, mais de tous les missionnaires de l'Église romaine, de quelque nationalité qu'ils soient et dans quelque partie de la Chine qu'ils habitent ou voyagent. Le Saint-Siège n'a point de représentation directe auprès du Fils du Ciel : toutes les affaires intéres-

---

1. Article 6 du traité. — On sait que la plus illustre des victimes de la persécution qui précéda la guerre fut l'abbé Auguste Chapdelaine, martyrisé à Sin-lin-hien, dans le Kouang-si, le 28 février 1856.

sant la religion passent par l'intermédiaire du ministre de France à Pékin.

A l'avantage de tous, les droits de la France étaient universellement reconnus et la gratitude des missionnaires ne cessait d'attester le zèle de ses représentants, lorsque arrivèrent en Chine les premiers religieux allemands. Par une étrange ironie, c'est du *Culturkampf* que sont nées ces missions catholiques qui apportent aujourd'hui à l'expansion germanique un si précieux concours. Le 8 septembre 1875, un prêtre, Arnold Jansen, forcé par la persécution de quitter sa patrie, fondait à Steyl, en Hollande, un séminaire de missionnaires.

Les deux premiers apôtres qui en sortirent pour aller porter au loin la « parole de Dieu [1] » furent ce Père Anzer, aujourd'hui vicaire apostolique du Chan-toung méridional, dont le nom a si souvent depuis trois ans paru dans la presse, et le Père Freinademetz. Tous deux, en 1879, partirent pour la Chine; ils obtinrent de Mgr Cosi, franciscain italien, vicaire apostolique du Chan-toung, l'administration d'une partie de sa trop vaste circonscription pastorale. L'ardeur de leur foi fut bientôt récompensée : autour d'eux, chrétiens

---

1. L'association des Pères de Steyl s'appelle *Gesellschaft des göttlichen Wortes.*

baptisés et catéchumènes se groupèrent si nombreux que de nouveaux ouvriers durent accourir de Steyl pour aider les premiers semeurs à récolter la précieuse moisson; de nouvelles stations furent fondées, et le nombre des convertis devint assez considérable pour que le Saint-Siège, suivant son procédé habituel, dédoublât le vicariat, séparât le Chan-toung méridional, et confiât la charge du premier au Père Anzer, nommé vicaire apostolique avec caractère épiscopal (12 janvier 1886). Ainsi, au temps où M. de Bismarck arrêtait la guerre religieuse et engageait son pays dans la politique d'expansion coloniale, toute une province des missions chinoises était confiée aux Pères de Steyl : les évadés du *Culturkampf* allaient devenir les meilleurs pionniers de la grandeur allemande.

Ce fut à la fin de cette même année 1886 qu'un incident grave survint et que les droits de la France furent pour la première fois ouvertement méconnus. A Pékin, dans l'intérieur même de la « Ville impériale », s'élevait une grande cathédrale appelée le Pétang, construite après le traité de Tien-tsin, par les soins des lazaristes et avec l'argent du gouvernement français ; couronnant cette église, deux tours s'élançaient; leur ombre indiscrète et provocatrice, se profilant sur les jardins du sacré palais, troublait la quiétude de l'impératrice-mère et venait rappeler, jusqu'au fond de l'auguste séjour l'humiliant souvenir des exigences européennes. En 1886, l'impératrice-régente exprima son vif désir d'être enfin délivrée des fâcheux clochers. Pour se soustraire aux importunités de la cour, les lazaristes déclarèrent s'en référer à la décision du Saint-Siège. Les Anglais, alors tout-puissants dans le Céleste Empire, crurent trouver dans cet incident l'occasion cherchée de nous enlever les charges avantageuses du protectorat catholique; ils insinuèrent à Li-Hong-Tchang, non seulement de prendre au mot les lazaristes, mais encore d'entrer en relations directes avec le Saint-Siège et de demander la création d'une nonciature à Pékin. La perspective de traiter avec le pape sans l'intermédiaire du ministre de France plut infiniment aux conseillers du Fils du Ciel; ils y virent un moyen de se débarrasser des gênantes servitudes de notre protectorat; avec le Saint-Père, qui n'a ni vaisseaux de guerre, ni soldats, on pourrait exercer à souhait l'art si chinois des négociations dilatoires. L'avis fut donc écouté et M. Dunn, employé anglais des douanes chinoises, partit pour l'Italie. Tout ce que l'influence française comptait d'adversaires ou de jaloux, allemands, italiens, autrichiens, s'empressèrent d'appuyer le projet nouveau. Le ministre d'Allemagne, M. de Brandt, qui s'était toujours montré très ardent à prendre la défense des religieux allemands pour les soustraire au patronage de la légation de France, seconda de tous ses efforts la mission de M. Dunn. A Rome, l'espérance d'entretenir des rapports diplomatiques directs avec le plus grand empire du monde, avec cette Chine si antique et si mystérieuse, où jadis, au temps de l'empereur Khanghi, le christianisme avait fait des progès si rapides et si encourageants, parut très séduisante au pape Léon XIII. Il ne pouvait, sans motifs très graves, manquer d'accueillir favorablement un projet qui ferait passer sous sa juridiction immédiate une immense région promise peut-être à la foi catholique. Quant aux droits de la France, le Saint-Père ne les méconnaissait pas; il n'entendait point dépouiller la « fille aînée de l'Église » d'un privilège qu'elle n'avait cessé de mériter par ses services; mais il estimait que nos prérogatives n'étaient pas inconciliables avec l'existence d'une nonciature; le délégué du Saint-Siège devrait agir de concert avec le ministre de France, qui resterait son bras droit. C'est avec ces espoirs qu'au Vatican le projet présenté par M. Dunn fut, en principe, agréé.

Notre ambassadeur auprès du Saint-Siège était alors le diplomate éminent qui, sans heurts et sans bruit, sut maintenir en des circonstances très délicates les bonnes relations entre la France républicaine et le gouvernement pontifical, et sauvegarder, aux heures difficiles, pour la France de Gambetta et de Jules Ferry, les privilèges et l'influence qu'elle a hérités de saint Louis et de Louis XIV. M. le comte Édouard Lefebvre de Béhaine [1] fit entendre au quai d'Orsay quel danger menaçait l'intégrité du protectorat français; puis, fort des instructions énergiques envoyées par M. de Freycinet, il fit observer au cardinal secrétaire d'État que la seule présence en Chine d'un représentant diplomatique du pape supprimerait en droit les prérogatives de la France : elle devrait renoncer à la tutelle des catholiques non français d'origine et se contenter de la clientèle de ses nationaux. Le protectorat serait « nationalisé », les puissances européennes s'en partageraient les morceaux. Insistant en outre sur les difficultés que rencontrerait le Saint-Siège lui-même pour défen-

---

1. Pour tout ce paragraphe et pour ce qui suit, on consultera l'ouvrage posthume du regretté comte Lefebvre de Béhaine : *Léon XIII et le prince de Bismarck* (Paris, Lethielleux, 1898), qui a paru d'abord dans la *Revue des Deux-Mondes* de mars à juillet 1897. Le volume s'ouvre par une magistrale biographie de M. de Béhaine par M. Georges Goyau, et se ferme par une série de documents très utiles.

dre efficacement les missionnaires dans toute l'étendue de l'empire chinois, M. Lefebvre de Béhaine opposa nettement le veto du gouvernement de la République au dessein que les Anglais et les Allemands avaient su inspirer à Pékin et faire accueillir au Vatican. Le pape céda ; il fit imprimer et envoyer aux évêques français une brochure où il expliquait pourquoi, malgré son vif déplaisir et malgré l'avantage qu'il avait espéré pour la foi catholique de la création d'une nouvelle nonciature, il daignait condescendre au vœu de la « fille aînée de l'Église ». Mais les mots « après la suspension », qu'on lisait en tête de cet opuscule, indiquaient assez que le Saint-Siège ne renonçait pas formellement et pour toujours à son projet : il en ajournait seulement la réalisation. Dès 1891, Mgr Anzer, inspiré par la chancellerie berlinoise, tenta de reprendre avec Mgr Agliardi, nonce à Munich, des pourparlers sur le même objet. Aujourd'hui encore, l'éventualité constante de l'envoi d'un délégué apostolique à Pékin est de nature à convaincre le gouvernement français qu'il ne doit jamais se relâcher dans l'exercice vigilant de son protectorat.

Ces incidents amenèrent, dans le courant de 1887, Mgr Anzer au Vatican. Malgré les suggestions de M. de Brandt, le vicaire apostolique du

Chan-toung méridional n'avait alors,—il s'en expliquait sans détours à Rome, — aucunement l'intention de soustraire sa province à la juridiction protectrice de la France. Mais, d'Italie, Mgr Anzer partit pour l'Allemagne. C'était l'époque où de hardis explorateurs allemands, les Wissmann, les Wolf, rendaient un hommage éclatant à l'activité colonisatrice des missionnaires et démontraient la nécessité de s'assurer, dans les contrées lointaines, le concours de ces pionniers intrépides et désintéressés de la civilisation. Le chancelier venait de clore décidément, par la *loi de revision* de 1887, l'ère du *Culturkampf;* un article de cette loi était destiné à favoriser « l'éducation des missionnaires pour le service à l'étranger », et « la fondation de maisons qui se consacrent à cette œuvre »; de leur côté, les évêques de l'empire, assemblés en leur réunion annuelle à Fulda, décidaient la création de six établissements sur le modèle de Steyl. Le pape lui-même, dans sa lettre *Jampridem*[1] aux évêques prussiens, faisait ressortir le lien qui unit la question des missions à la politique coloniale. — Telles étaient les préoccupations de l'opinion publique, lorsque Mgr Anzer

---

1. Voir le texte de la loi du 30 avril 1887 et celui de la lettre *Jampridem* (6 janvier 1886), dans les documents annexés à l'ouvrage cité ci-dessus, de M. Lefebvre de Béhaine.

arriva à Berlin. Il fut reçu par M. de Bismarck avec une bienveillance marquée, et obtint pour son œuvre d'apostolat la promesse de l'appui très énergique du gouvernement; mais on sut lui faire entendre qu'en retour il était naturel qu'il plaçât sa mission sous le patronage direct de l'Allemagne. Mgr Anzer déféra à ce désir, on pourrait presque dire à cet ordre; de son autorité privée, et sans que Rome eût à intervenir, il mit le vicariat du Chan-toung méridional sous le protectorat du gouvernement de Berlin. Ainsi fut ouverte la première brèche dans l'édifice de l'influence française : quatre ans après, en 1891, l'œuvre commencée en 1887 fut achevée. Mgr Anzer demanda à la chancellerie allemande les passeports que jusqu'alors tout missionnaire séjournant sur le territoire du Céleste Empire demandait à la France[1]. En 1887, le gouvernement de M. de Freycinet, en 1891 le gouvernement de M. Ribot, dûment avertis par M. le comte Lefebvre de Béhaine, laissèrent s'accomplir cette violation flagrante de nos droits. Les ennemis de notre prépondérance qui n'avaient pu, en 1887, réussir à la ruiner par la création d'une nonciature, parvenaient, en 1891,

---

1. En même temps, comme nous l'avons indiqué, le projet de nonciature à Pékin était remis en avant.

à l'émietter : ils tentaient d'arracher par morceaux ce qu'ils n'avaient pu obtenir en bloc.

Quelle importance eut l'établissement du protectorat allemand sur les missions du Chan-toung méridional, c'est ce que les événements de Kiaotchéou vinrent bientôt démontrer d'une façon trop péremptoire pour qu'il soit nécessaire d'y insister : c'est le protectorat catholique qui a fourni au gouvernement de Berlin l'occasion désirée pour prendre pied sur le territoire chinois et s'y implanter à demeure.

Si le massacre des Pères Nies et Henlé, le 1ᵉʳ novembre 1897, à Yen-tchéou, eût été préparé d'avance par une diplomatie trop habile, il n'eût pas éclaté plus à propos pour favoriser, au dehors comme au dedans, les visées de Guillaume II et le tirer de graves embarras. Depuis longtemps l'empereur se rendait compte que l'essor économique et le développement des colonies entraînent comme une conséquence inéluctable la nécessité coûteuse d'une flotte de guerre; et il n'avait pas hésité à demander ce sacrifice au patriotisme du Reichstag. Mais ce souverain, dans ses conceptions d'avenir, va plus vite que son peuple. Cette politique hardiment pratique, dissimulée souvent et comme à plaisir sous des apparences romanesques, à demi dévoilée en des discours étranges et volontairement sibyllins, effraye la timidité pacifique des bourgeois allemands. Ils estiment déjà bien lourdes les charges imposées par le « militarisme », et volontiers ils se passeraient du très onéreux avantage de posséder une puissante marine. Au printemps de 1897, l'opposition du *Centre* fit, malgré l'insistance de l'empereur, rejeter par le Parlement la loi sur le sexennat maritime et l'augmentation de la flotte. Un conflit aigu s'ensuivit. L'empereur jurait qu'il aurait ses croiseurs, le Reichstag s'entêtait à les lui refuser ; la situation était grosse de périls : le massacre de deux missionnaires au Chan-toung permit à Guillaume II de trancher d'un seul coup toutes ces difficultés.

Lorsqu'il reçut la nouvelle de l'assassinat, Mgr Anzer était en Allemagne[1] ; il courut au palais impérial. Guillaume II le reçut avec empressement, lui donna son portrait et lui promit d'obtenir prompte justice du meurtre des deux religieux : le sang des martyrs allait coûter cher au

---

1. Mgr Anzer était déjà venu à Berlin en 1896 ; sur sa demande, l'empereur avait ordonné aux agents allemands de lui prêter un appui énergique pour établir une mission à Yen-tchéou, ville sainte où les Chinois révèrent le berceau de Confucius. Mgr Anzer et ses religieux entrèrent solennellement à Yen-tchéou, le 8 septembre 1897, précédés par les mandarins en grand costume. Ce fut peu de semaines après que Mgr Anzer arriva en Europe et que périrent les missionnaires Nies et Henlé.

gouvernement chinois. Le crime avait été commis le 1er novembre ; le 14 l'amiral de Diederichs débarquait des troupes à Kiao-tcheou et « le Michel allemand plantait fermement sur le sol son bouclier orné de l'aigle impérial ». Le Fils du Ciel ne tardait guère à sanctionner par une convention ce que la force avait usurpé [1].

Guillaume II, fort de ce succès, se hâta d'en tirer parti. — Mystérieusement, Mgr Anzer partit pour Rome et sollicita du Vatican un acte officiel qui ratifierait le fait accompli et reconnaîtrait le protectorat allemand. — En même temps une escadre armait dans le port de Kiel, et, au moment où, sous les ordres du prince Henri, elle allait prendre le large, une théâtrale manifestation apprenait au monde que « pour toujours » la « protection impériale » devait être assurée « à la Hanse allemande et aux missionnaires allemands » ; et afin que cette inauguration d'une politique nouvelle fût éclatante et plus

---

1. Le traité de Pékin (6 mars 1898) cédait à bail à l'Allemagne, pour une durée de 99 ans, tout le pourtour du golfe de Kiao-tcheou jusqu'à la délimitation naturelle par les collines voisines. Le gouverneur du Chan-toung était révoqué, six hauts fonctionnaires déplacés, une indemnité de 3000 taëls stipulée et trois chapelles expiatoires construites. L'Allemagne obtenait en outre la concession de deux chemins de fer dans le Chan-toung (voir appendice page 236) et le droit pour la société concessionnaire d'exploiter les mines sur une largeur de 20 kilomètres le long des voies ferrées.

solennelle, l'empereur envoyait en Extrême-Orient son propre frère. Bien plus, il avait songé à partir en personne pour les mers chinoises ! « Je connais fort bien la pensée de Votre Majesté, disait le prince Henri, je sais quel lourd sacrifice Elle fait en me confiant un si beau commandement. » Ou les mots n'ont pas de sens, ou le héros de roman qu'est parfois Guillaume II a rêvé, croisé d'un nouveau genre, de porter lui-même au monde jaune « l'évangile de la personne sacrée de l'Empereur ».

Au moment même où le souverain et son frère échangeaient ces toasts retentissants, le cardinal Kopp, prince-évêque de Breslau, et Mgr Stablewski, archevêque de Posen, envoyèrent leur bénédiction pour l'heureuse traversée du prince Henri et de son escadre. Les télégrammes des deux prélats, répondant aux discours impériaux, furent l'affirmation officielle de l'accord du *Kaiser* avec l'église catholique d'Allemagne et comme le baptême de cette politique nouvelle qu'un homme nouveau, le baron de Bülow, allait être appelé à pratiquer.

M. de Bülow a longtemps séjourné à Rome, comme ambassadeur auprès du roi Humbert. Très écouté au Quirinal, il sut aussi comprendre quelle maîtresse pièce est aujourd'hui, sur l'échiquier politique, la papauté prisonnière. Diplomate d'instinct et de tempérament, il sentait son intelligente curiosité attirée vers ce Vatican, où les échos du monde entier viennent retentir, où toutes les choses terrestres ont leur répercussion et viennent se mesurer au compas des éternelles promesses, où, derrière un paravent de petites intrigues, se meuvent majestueusement les grandes idées qui, au nom du Divin, mènent les affaires humaines. Il étudia donc et pénétra les apparents mystères de la politique pontificale ; la puissance morale et matérielle du Saint-Siège dut lui sembler plus imposante encore en face de la décadence de l'Italie officielle. On remarqua beaucoup qu'avant de quitter Rome pour prendre la succession du baron de Marschall, M. de Bülow obtint une audience du Saint-Père. Qu'un ministre protestant du protestant empereur d'Allemagne, la veille encore ambassadeur auprès du roi de l'Italie unifiée, inaugurât son règne ministériel par un long entretien avec le pape, c'était en effet un signe des temps dont la portée ne pouvait échapper à personne. S'appuyer sur l'épiscopat, s'entendre avec le *Centre*, négocier à Rome, tel fut donc le programme de M. de Bülow. — Dès la fin de l'hiver de 1898 se tenait à Fulda la conférence annuelle qui habituellement

ne réunit qu'en août les évêques allemands ; à la
suite de ce conciliabule, le cardinal Kopp partit
pour Rome. Sous les apparences d'un voyage *ad
limina*, la venue au Vatican de l'évêque de Breslau, ami personnel de Guillaume II, intermédiaire
habituel entre l'empereur et le Saint-Siège, cachait une mission politique dont certaines indiscrétions et aussi certains résultats nous ont appris le but et dévoilé l'importance. Après Mgr Anzer, Mgr Kopp demanda au Saint-Père la confirmation, et sans doute aussi l'extension[1] du protectorat allemand en Chine. Des révélations de la
Deutsche Revue[2] nous ont appris, — les faits
d'ailleurs l'indiquaient déjà, — l'échec complet
des *missi dominici* de l'empereur Guillaume :
« l'augmentation de l'influence allemande, dit en
substance la *Revue,* déplait au Saint-Père parce
que ce changement est mal vu en France...
Léon XIII aussi bien que le cardinal Rampolla
ont résolument repoussé le projet de Mgr Anzer
et du cardinal Kopp, de reconnaître le protectorat de l'Allemagne sur les missions germaniques. »
Voilà qui nous éclaire et sur le but, et sur l'issue

1. Les Allemands convoitaient l'extension de leur protectorat au
Chan-toung septentrional, où est situé Kiao-tchéou.
2. Voir dans son numéro de juin 1898 : *die Politik Leo's XIII
und seine Diplomatie,* par G. M. Fiamingo, p. 287.

de la mission « canonique » de l'évêque de Breslau.

A défaut de la victoire diplomatique qu'il espérait, Guillaume II sut tirer un succès politique de la bruyante protection qu'il accorde aux missions. Mgr Anzer, à son retour de Rome, pérégrina à travers l'Allemagne et, notamment à Munich, il pressa avec instances les chefs du *Centre* de voter le sexennat maritime et d'accorder à l'empereur ces croiseurs auxquels il tenait tant. Le cardinal Kopp et ses collègues dans l'épiscopat, après la conférence prématurée de Fulda, s'entremirent avec le même zèle. Sans doute Mgr Anzer laissait entendre que le vote du projet impérial serait vu avec plaisir par le pape, comme la juste récompense de la protection énergique acccordée aux missions. La protestation caractéristique du député Schmitt, à Mayence, contre l'ingérence du pouvoir pontifical, indique nettement que, s'il n'y eut pas intervention de Léon XIII, du moins Mgr Anzer crut pouvoir faire parler Sa Sainteté. La conversion de la majorité du *Centre* fut rapide et radicale. Moins d'un an auparavant, M. Lieber avait fulminé de véhémentes harangues contre la politique aventureuse de l'empereur et de ses ministres ; il critiquait amèrement, au nom de l'intérêt populaire et des droits du Reichstag, l'augmentation continue des crédits pour la marine. En mars 1898, tout était changé; M. Lieber acceptait, avec quelques amendements dérisoires, le projet impérial; il s'en faisait devant le Reichstag le zélé défenseur. Le baron de Hertling lui-même, qui reprochait naguère à M. Lieber son « impérialisme », assumait la tâche ingrate de faire accepter à la Bavière le vote des crédits maritimes; dans son discours de Memmingen, et plus tard à la tribune, il adjurait le *Centre* de déférer aux désirs du souverain; pour voiler cette étrange conversion, cette subite volte-face, il alléguait un tardif « sentiment de la responsabilité du *Centre* comme parti déterminant du Reichstag » : entraînée par ses deux chefs, la moitié du parti catholique vota les crédits. Le *Centre* divisé, sa fraction la plus nombreuse et ses « leaders » les plus éminents devenus les soutiens « opportunistes » du programme impérial, reniant cette cause populaire dont la défense avait élevé si haut Windthorst et ses amis, pour devenir les soldats du conservatisme et de l'impérialisme, voilà les résultats de cette évolution de la politique allemande. A l'origine de toutes ces transformations, nous avons rencontré la question des missions et du protectorat catholique. Le protectorat des missions a été la rançon des idées sociales et des tendances démocratiques du centre catholique.

III

Extrême-Orient et Orient, Kiao-tcheou et Jérusalem, c'est par une simple nécessité d'exposition que nous avons dû séparer les uns des autres des fait connexes et intimement liés. Tandis que son frère voguait vers la Chine, Guillaume II pérégrinait sur les routes brûlées de la Palestine; il se consolait, en naviguant sur son yacht dans les mers de Syrie, de n'avoir pu conduire sur les océans lointains sa division cuirassée. Plus encore que les séductions de l'art et la poésie des souvenirs, la réalité pratique d'intérêts matériels très nettement aperçus attirait l'illustre voyageur vers les capitales du silencieux Orient.

Dans l'Orient musulman comme dans l'Asie chinoise, un même assaut était livré, avec les mêmes armes, contre les droits séculaires et formellement consacrés de la France. Fonder l'hégémonie allemande sur le protectorat catholique, faire de la clientèle religieuse de l'Église romaine la clientèle commerciale de l'empire germanique, c'était, ici comme là-bas, le résultat depuis longtemps cherché et patiemment poursuivi.

Il serait dangereux de cacher sous le voile de

rassurantes illusions l'essor prodigieux de nos voisins de l'est[1] : les domaines du Padischah sont aujourd'hui, pour ainsi parler, dans la mouvance de l'empire allemand ; ils deviennent pour les sujets de Guillaume II un pays d'exploitation et de colonisation. En novembre 1889, Guillaume II, émancipé pour la première fois de la tutelle de M. de Bismarck, vint à Constantinople et reçut l'hospitalité séductrice du Sultan; en quittant les rives enchantées du Bosphore, il emporta l'impression que la Turquie est une force dont l'intervention peut, à certaines heures, devenir décisive dans l'Europe divisée d'aujourd'hui. Cette conviction régla les attitudes et inspira la conduite de l'empereur : cet Orient qui, selon Bismarck, « ne valait pas les os d'un grenadier poméranien, » prit dans les préoccupations de Guillaume II une place considérable. Très vite l'influence politique, militaire, économique de l'Allemagne grandit démesurément. — On sait le rôle de la diplomatie de Guillaume II dans les événements d'Orient : muette au moment des massacres d'Arménie, elle

1. Sur l'expansion économique et politique, on consultera *l'Essor industriel et commercial du peuple allemand*, par M. Georges Blondel, Paris, Larose, 2ᵉ édition, 1899, 1 vol. in-12. Deux Appendices sont consacrés l'un au *Voyage de Guillaume II en Orient*, l'autre à *l'Occupation de Kiao-tcheou et l'intervention de l'Allemagne dans l'Extrême-Orient*.

empêcha de parler ceux qui auraient pu le faire ;
constamment elle ménagea la Sublime Porte ; et
lorsque surgit la question de Crète, c'est elle qui
poussa à la guerre un Sultan qui préfère le massacre à la lutte ouverte. — La Chine en 1895 avait
été sauvée par l'entente de la Russie, de la France
et de l'Allemagne ; la Turquie fut aidée en 1896
par l'Allemagne toute seule : elle seule aussi
recueillit les bénéfices d'une intervention peu
généreuse, mais profitable. Elle fit accorder à
ses nationaux des entreprises de chemins de fer,
des concessions de terres, des commandes industrielles. En Syrie, en Anatolie, des colonies teu-
tonnes se développèrent. La force économique de
l'empire ottoman passa aux mains des Allemands.

L'entente cordiale de Guillaume II et d'Abd-
ul-Hamid devint bien vite un danger pour notre
protectorat catholique, pour l'avenir de notre
influence en Orient. Comme autrefois les rois de
France, c'est d'abord sur l'amitié du sultan que
l'héritier des Hohenzollern entendait fonder sa
suprématie sur les pays du Levant. Gêné par les
clauses constitutives de notre protectorat, Abd-
ul-Hamid en a toujours souhaité la disparition :
il était prêt à aider l'empereur à ruiner notre prestige et nos droits. Depuis longtemps la situation
privilégiée de la France en Orient excitait la

jalousie et provoquait les intrigues allemandes. Déjà, en 1869, le prince royal Frédéric était entré solennellement dans la ville sainte, avait ressuscité le vieil ordre des hospitaliers de Saint-Jean de Jérusalem et acquis ce sanctuaire du Sauveur dont Guillaume II vint inaugurer en grande pompe l'édifice restauré ; mais c'est depuis 1882 surtout que les Allemands ont provoqué l'extension des missions catholiques et protestantes. Beaucoup d'efforts et beaucoup d'argent n'ont pas suffi à créer à l'empire une clientèle luthérienne nombreuse. Aussi, comme en Chine, était-ce plutôt par les missions catholiques que Guillaume II espérait favoriser l'expansion germanique. Ne pouvant détruire notre protectorat, l'empereur, avec l'aide de ses ambassadeurs à Constantinople[1] et avec la complaisance de la Propagande, essaya, comme en Extrême-Orient, de l'effriter. Pour réaliser ses desseins, il comptait sur l'appui d'une association puissante, la *Palaestinaverein*[2], fondée jadis sous l'inspiration de ces mêmes Pères de Steyl, dont nous avons rencontré l'action au Chan-toung, et destinée à favoriser

---

1. Il est singulier de constater que le gouvernement allemand se fait presque toujours représenter par des catholiques auprès du sultan et par des protestants auprès dn Saint-Siège.

2. Cette association publie une revue : *das Heilige Land (la Terrè sainte)*. Paderborn.

l'extension des missions et à centraliser leurs efforts. Les œuvres allemandes ne tardèrent guère à se soustraire au protectorat des consuls français. Toute une série de petits faits, dont la répétition est caractéristique, sont là pour le prouver. — En 1884, les Templiers allemands envahirent le monastère du Mont-Carmel, le saccagèrent, arborèrent le drapeau de l'Empire : un interminable conflit diplomatique s'ensuivit. — En 1891, les sœurs de Saint-Charles, qui dirigent à Jérusalem un orphelinat et un hôpital, refusèrent la visite traditionnelle au consul de France, et se placèrent ouvertement sous la protection du représentant de l'Allemagne ; c'était à l'époque même où Mgr Anzer demandait pour la première fois ses passeports à Berlin. — Le cardinal Ledochowski, hostile à l'influence française, voulut soumettre à la juridiction du patriarche italien, Mgr Piavi, les Pères blancs de Mgr Lavigerie, établis à Jérusalem et dont l'exterritorialité avait été reconnue par le Saint-Siège. — En 1897, la mauvaise volonté du sultan pour les clients de la France se manifesta en plusieurs circonstances. Il s'obstinait, malgré les protestations des représentants de la France, à refuser, dans toute l'étendue de l'Empire ottoman, tout caractère officiel et toute valeur juridique aux diplômes de docteurs conférés par les médecins français de l'Université de Beyrouth [1]. — Par ordre de la Porte, le gouverneur du Liban tentait de mettre obstacle à l'élection du patriarche de la nation grecque melchite catholique, amie et protégée de la France, sous prétexte que le synode des évêques, réuni au couvent du Rédempteur, à Djuni, était présidé par un étranger, Mgr Duval, délégué du Saint-Siège. — Tous ces faits, auxquels on en pourrait joindre bien d'autres, peu considérables en eux-mêmes, prenaient, juxtaposés, un sens inquiétant ; ils devenaient l'indice évident d'une conspiration générale contre notre influence ; ils préparaient l'éviction de la puissance française de l'Orient. Ils devenaient plus significatifs encore et plus troublants si on les comparait aux événements d'Extrême-Orient, et surtout si on les rapprochait du gros incident de l'ambassade turque auprès du Vatican.

L'idée d'accréditer auprès du Souverain Pontife un représentant officiel de la Sublime Porte remonte à une quinzaine d'années : l'opposition de M. Le-

---

1. L'Université de Beyrouth est ce magnifique établissement fondé par les Jésuites français et où professent 80 Pères et 6 médecins français. « Il n'y a pas une grande ville en France, écrit M. Gustave Larroumet, dont les institutions d'enseignement supérieur soient mieux outillées que celle-ci » *Vers Athènes et Jérusalem*, Hachette, 1898.

febvre de Béhaine l'avait toujours fait écarter. Cette innovation entraînerait en effet la création d'une nonciature à Constantinople où jusqu'ici le Saint-Siège n'entretient qu'une délégation apostolique sans rapports directs avec le gouvernement ottoman. Les affaires qui intéressent la religion cesseraient de passer par l'intermédiaire nécessaire de l'ambassade de France. C'en serait fait de notre protectorat : l'œuvre de tant de siècles, de tant de rois et de tant de pontifes aurait vécu. — A l'improviste, au printemps de 1898, les journaux annoncèrent qu'Abd-ul-Hamid venait de nommer Assim-bey ambassadeur auprès du Saint-Siège.

En rapprochant cette brusque décision du sultan des faits contemporains, l'affaire de Kiao-tcheou, les discours de Kiel, les négociations entre la chancellerie berlinoise et la Propagande, les voyages de Mgr Anzer et de Mgr Kopp, il était facile de deviner d'où partait le coup et qui l'avait préparé. Qu'allait faire le Saint-Père? Les amis de l'empereur d'Allemagne ne négligèrent rien pour influer sur la décision de Léon XIII : on se souvenait qu'en 1887 il n'avait renoncé qu'à regret à la nonciature de Pékin; on espérait qu'il saisirait avec joie une occasion nouvelle d'accroître au dehors son influence et son autorité. Mais, prémunis par notre ambassadeur contre les pièges de la proposition turque, comprenant d'ailleurs que le temps était mal choisi pour nouer des rapports diplomatiques avec un souverain qui venait de faire massacrer tant de milliers de ses sujets, Léon XIII et le cardinal Rampolla ne se laissèrent point séduire : ils maintinrent intégralement les droits de la France ; elle resta la gardienne, à Constantinople, des intérêts religieux.

Ce premier échec de la diplomatie germanique n'était que l'indice de disgrâces plus décisives. Dans les mois qui précédèrent l'impérial pèlerinage à Jérusalem, tous les efforts de la politique de Guillaume II tendaient à lui ménager le suprême triomphe de proclamer à Jérusalem son protectorat non seulement sur les nationaux allemands, mais encore sur tous les catholiques d'Orient. On n'ignorait pas dans les chancelleries, malgré les dénégations des journaux officieux, qu'obtenir ce grand succès était l'un des motifs des voyages du cardinal Kopp au Vatican. Les feuilles inspirées par le gouvernement escomptaient d'avance la victoire. Les journaux du *Centre* parlaient ouvertement des projets de l'empereur ; l'un d'eux même, s'étant permis des indiscrétions trop claires, fut gourmandé par le *Heilige Land* qui l'adjura de se taire « pour ne pas effrayer les catholiques latins ». En même temps que l'hégémonie allemande serait manifestée par le voyage de l'empereur d'Occident à Constantinople et par la visite retentissante du prince Henri à Pékin, la suprématie allemande sur les catholiques comme sur les protestants et l'accord avec le Saint-Siège seraient proclamés à Jérusalem.

Cependant, à mesure qu'approchait l'heure du voyage impérial, le ton des feuilles officieuses devenait plus humble ; elles masquaient leur dépit et cachaient leur déconvenue : jamais, à les entendre, le pèlerinage de Guillaume II n'avait eu « un but politique ». « On connaît assez à l'étranger, lisait-on dans un journal français du soir dont le correspondant berlinois faisait écho à la presse gouvernementale, le caractère religieux, même mystique, de l'empereur et de l'impératrice pour qu'il n'y ait pas lieu de s'étonner des désirs du couple impérial de visiter les Lieux Saints. » « Ce voyage, était-il dit encore, n'a aucun rapport avec la question du protectorat des catholiques allemands. » L'échec déjà connu de la mission du cardinal Kopp inspirait ce langage réservé. Enfin, au moment même où l'empereur se disposait à partir, la voix du Souverain Pontife s'élevait et, répondant aux inquiétudes patriotiques du cardinal Langénieux, confirmait solennellement et précisait les droits de la France.

IV

La question du protectorat, en Extrême-Orient comme en Orient, a deux aspects : l'un politique, l'autre religieux. Nous avons ci-dessus brièvement indiqué sur quelles conventions bilatérales se fondent juridiquement les prérogatives qui font de nous les protecteurs des missionnaires catholiques dans le Céleste-Empire, et nous ne saurions faire, dans ce livre, l'histoire, même succincte, du protectorat français dans l'empire Ottoman[1]. Mais les traités, quelque formels qu'ils

1. Les droits de la France reposent d'abord sur les conventions signées avec les sultans de Constantinople ; ces conventions sont connues sous le nom de *Capitulations*. Les premières datent de 1535. On trouvera un bon résumé de l'histoire des *Capitulations* avec le texte complet de ces conventions dans *Le régime des Capitulations* par *Un ancien diplomate* (Plon, 1899, 1 vol. in-8). Dans ce siècle, nos privilèges ont été garantis par des traités et mis sous la garantie du droit public européen (Traité de Paris 1856. Traité de Berlin 1878). L'histoire du protectorat français dans le Levant n'a pas été écrite dans son détail. On en trouvera un résumé lumineux et très précis dû à la plume érudite de M. Georges Goyau, dans un chapitre de *La France chrétienne dans l'histoire* (*Le protectorat de la France sur les chrétiens de l'Empire ottoman*) (Firmin Didot, édition in-4°, illustrée, ou édition in-12). Ce chapitre, publié d'abord dans la *Revue du clergé français*, a été tiré à part avec notes et références. — On pourra consulter également César Famin : *Le protectorat de la France en Orient* (Firmin Didot, 1853) ; Nonce Rosa, *La France en Orient depuis les rois francs jusqu'à nos jours ;* Gabriel Charmes, *Voyage en Palestine* et *Voyage en Syrie,* etc.

soient, resteraient sans effet, si nous n'obtenions
en même temps de la Papauté la consécration vi-
vifiante de nos droits ou de nos privilèges. Que
le Saint-Père cesse de prescrire à l'immense armée des missionnaires et des religieux qui relèvent
de lui de recourir au protectorat français et leur
permette de s'adresser, en cas de besoin, soit à
ses nonces, soit aux consuls de leurs nations res-
pectives, et c'en serait fait de nos droits ou de nos
privilèges : ils continueraient d'être inscrits dans
de vains textes, mais ils ne seraient plus qu'une
lettre morte, ils cesseraient d'être une réalité
vivante et féconde. C'est donc du pape qu'en réalité dépend l'existence et l'avenir de notre protectorat en Orient comme en Chine. — C'est sous la
troisième République que la France a, de la confiance du Saint-Siège, obtenu la reconnaissance
formelle de ses prérogatives par l'autorité religieuse.

Quels que soient ses rapports avec la Papauté,
l'Italie du Quirinal n'ambitionne pas moins de
tenir dans le monde le rôle de protectrice de
l'Église ; elle envie et jalouse les droits privilégiés
de la France. A maintes reprises, et notamment
en 1885, les ministres de la monarchie de Savoie
revendiquèrent la tutelle des missionnaires italiens et contestèrent le sens du traité de Berlin.

En 1888, — M. Crispi étant ministre, — les assauts contre le protectorat français devinrent plus pressants et plus dangereux. Suivant de près la mission de M. Dunn et celle du général Simmons[1], ces attaques révélaient un plan d'ensemble, une véritable ligue contre notre influence. Pour couper court à ces tentatives, le gouvernement français chargea M. Lefebvre de Béhaine de demander à la Propagande une confirmation officielle de nos droits séculaires. Du Saint-Père et du cardinal Simeoni, alors préfet de la Propagande, notre ambassadeur reçut pleine satisfaction. La circulaire *Aspera rerum conditio*, du 22 mai 1888, ordonnait formellement à tous les missionnaires, de quelque nationalité qu'ils fussent, de reconnaître tous les droits de la France. Voici textuellement le passage principal de ce document capital : « On sait que, depuis des siècles, le protectorat de la nation française a été établi dans les pays d'Orient et qu'il a été confirmé par des traités conclus entre les gouvernements. Aussi l'on ne doit faire à cet égard absolument aucune innovation : la protection de cette nation, partout où elle est en vigueur, doit être religieusement maintenue et les missionnaires doivent en être

1. Voyez plus bas page 124, note.

informés, afin que, s'ils ont besoin d'aide, ils re-
courent aux consuls et autres agents de la nation
française. De même, dans les lieux de missions
où le protectorat de la nation autrichienne a été
mis en vigueur, il faut le maintenir sans changement [1]. »

Mais la circulaire de la Propagande ne décou-
ragea pas les adversaires de notre influence. On
a vu comment le débarquement de marins allemands à Kiao-tcheou et le voyage de l'empereur
Guillaume II à Jérusalem révélèrent une conspiration générale pour saper, en Extrême-Orient
comme en Orient, l'édifice six fois séculaire de
notre protectorat. En France, le patriotisme de
quelques hommes clairvoyants s'alarma. Le cardinal Langénieux, archevêque de Reims, qui avait,
en 1893, présidé, à Jérusalem, comme légat du
Saint-Siège, un congrès eucharistique, se fit auprès
de Léon XIII l'interprète éloquent des inquiétudes de la France. Il adressait, le 20 juillet 1898,
une lettre au Souverain Pontife; avec une respec-
tueuse fermeté, il soumettait à Sa Sainteté l'expression de ses « craintes patriotiques », réclamait de lui « une parole qui nous rassurât » et
lui demandait d'approuver la constitution d'un

----

1. Ces pays sont l'Albanie, la Macédoine, la Haute-Egypte.

« comité national pour la conservation et la défense du protectorat français [1] ».

Prompt à répondre au vœu de la France et aux instances de l'archevêque de Reims et du gouvernement de la République, le Pape adressait le 20 août [2] au cardinal une lettre où les droits privilégiés de la France étaient publiquement affirmés. Rendant hommage aux « généreuses et chevaleresques traditions de la France » et constatant qu'en Palestine « les ennemis du nom catholique redoublent d'efforts et d'activité », Léon XIII ajoutait :

« La France a, en Orient, une mission à part,
« que la Providence lui a confiée : noble mission
« qui a été consacrée non seulement par une pra-
« tique séculaire, mais aussi par des traités inter-
« nationaux, ainsi que l'a reconnu de nos jours
« Notre Congrégation de la Propagande par sa
« déclaration du 22 mai 1888.

« Le Saint-Siège, en effet, ne veut rien toucher
« au glorieux patrimoine que la France a reçu de
« ses ancêtres et qu'elle entend, sans nul doute,

---

1. Nous donnons dans nos documents des extraits de la lettre du Cardinal Langénieux ainsi que le texte complet de la réponse de Léon XIII.

2. La lettre, datée du 20 août, fut publiée dans les journaux du 8 septembre 1898.

« mériter de conserver en se montrant toujours à
« la hauteur de sa tâche. »

Ainsi, les prérogatives de la France n'étaient
plus seulement inscrites dans des traités et cons-
tatées par une circulaire administrative émanée de
l'une des grandes Congrégations du gouvernement
pontifical ; cette fois, elles étaient consacrées par
un acte du Souverain Pontife lui-même ; le protectorat devenait la forme organique des rapports
entre la Papauté et les nations infidèles. Ce que
les Papes avaient jusqu'alors accepté comme un
fait, Léon XIII le consacrait comme un droit.

L'histoire a d'étranges revanches et parfois
se plaît aux contrastes. L'œuvre commencée au
xiiie siècle, sous saint Louis, par la vaillance des
chevaliers francs, a été achevée au xixe, sous les
présidences de M. Carnot et de M. Félix Faure,
par la diplomatie française, M. René Goblet et
M. Delcassé étant ministres des affaires étrangères ; et jamais peut-être les faits n'ont, mieux
qu'aujourd'hui, sous le règne de « l'anticléricalisme » officiel, affirmé que, comme on a pu le
dire, « le catholicisme c'est la France et la France
c'est le catholicisme ».

Il serait facile de montrer que la Papauté, elle
aussi, elle surtout, est restée fidèle à la politique
que lui traçaient la tradition, les nécessités du temps

présent et les idées mêmes qui sont le fondement
de l'édifice catholique. Le mot dit par Frédéric II
à l'avènement d'Innocent IV reste vrai : « Un
pape ne saurait être gibelin. »

Qu'il le veuille ou non, qu'il soit engagé dans
le *Culturkampf* ou que, comme aujourd'hui, il
cherche à faire de l'Église catholique un instru-
ment de règne, le souverain de l'Allemagne représente dans le monde le principe et la force
protestante. L'Allemagne, mère et nourrice de la
Réforme, peuplée de deux tiers de protestants,
ne saurait tenir longtemps dans l'histoire le personnage de patronne du catholicisme : il y aurait
dans sa politique trop de contradictions et, parmi le peuple, trop de murmures. Déjà les tendances romaines de Guillaume II ont été, dans
l'Allemagne luthérienne, critiquées et blâmées.
Les pasteurs ont saisi l'occasion de l'Encyclique
de Léon XIII sur le bienheureux Pierre Canisius
pour manifester solennellement leur dépit; ils
voient avec une jalousie chagrine les faveurs dont
le gouvernement comble les missions catholiques;
ils réclament pour les apôtres de la Réforme les
mêmes avantages. Dans son voyage à Jérusalem[1],

1. Sur le voyage de Guillaume II et ses conséquences, on lira avec
grand intérêt les remarquables articles de M. Étienne Lamy dans
la *Revue des Deux-Mondes* des 15 novembre et 15 décembre 1898,
15 janvier, 1er mars, 15 avril et 15 septembre 1899. Gêné sans doute

Guillaume II tint à avoir autour de lui les délégués de tous les princes et de toutes les églises évangéliques ; l'inauguration du sanctuaire du Sauveur, édifié sur les ruines de Sainte-Marie-la-Grande, eut le caractère d'une imposante manifestation protestante. Comme jadis à la Wartbourg et à Wittemberg, Guillaume II apparut comme le *summus episcopus* de l'Allemagne réformée ; il sembla qu'il était venu affirmer le triomphe du libre examen et de l'antipapisme sur cette terre où le Christ, choisissant entre tous le pêcheur Simon, l'appela Pierre et voulut qu'il devînt la pierre angulaire de son Église[1]. Puissance

par l'insuccès prévu de son voyage et de ses démarches, l'Empereur semble avoir été, durant son séjour en Palestine, inférieur à lui même. Les voyageurs qui ont, après lui, parcouru la Terre Sainte, ont été frappés de l'impression défavorable produite par l'impérial voyageur ; ils ont recueilli l'écho de paroles imprudentes, échappées à une excessive nervosité ; ils ont constaté le fâcheux effet produit sur l'opinion orientale par certaines petitesses qui étonnent chez un homme qui aime tant à éblouir et qui connaît la puissance d'une grandiose mise en scène.

1. Il suffit, pour être édifié sur le caractère de manifestation luthérienne que prit le pèlerinage de Guillaume II, de lire les étranges harangues que prononça l'Empereur à Jérusalem, pour l'inauguration de l'église du Sauveur, et à Bethléem. Le 31 octobre, le *Kaiser* s'écriait : « Par la grâce de Dieu, j'ai pu, moi, Guillaume II, empereur et roi de Prusse, achever l'œuvre commencée par mes prédécesseurs, et aujourd'hui, en l'anniversaire de la Réforme bénie, assisté de ma fidèle épouse, la très Auguste Impératrice et reine Augusta-Victoria, entouré des représentants du christianisme protestant et soutenu par leurs prières, accomplir la consécration de l'église. L'église doit porter le nom « d'église du Rédempteur » — afin d'attester que moi, et tous ceux qui, avec moi, reconnaissent dans l'œuvre de la Réforme une grâce de Dieu, et professent

protestante, l'Allemagne est l'alliée de l'Italie unifiée; elle est le plus ferme appui de la dynastie
de Savoie et la clé de voûte de la « triplice ». A
Rome, les cardinaux du parti allemand sont en
même temps les « conciliateurs ». Collaboration
avec les Hohenzollern, réconciliation avec la maison
de Savoie: c'est le rêve et l'ambition de ces gibe-
lins modernes. Pionniers de l'influence allemande,
ils sont naturellement hostiles à celle de la France;
du même coup et par une conséquence nécessaire, ils
sont aussi les détracteurs de toute la politique de
Léon XIII; ils regardent avec inquiétude se répandre et grandir dans le monde ces principes féconds
que le pape a tirés des profondeurs mêmes du
catholicisme éternel pour les appliquer aux maux

pour cette grâce un attachement reconnaissant, considèrent Jésus-
Christ crucifié et véritablement ressuscité comme notre unique Rédempteur et n'espèrent se justifier et arriver à la béatitude que par
la foi en Jésus-Christ... Daigne Jésus-Christ, de la plénitude de
sa grâce, édifier et protéger notre chère église protestante et bé-
nir notre patrie allemande!... » Tous les journaux protestants
d'Allemagne soulignèrent avec un extraordinaire lyrisme cette
apologie bruyante de la Réforme. Pour n'en citer qu'un, presque
naïf dans son enthousiasme, la *Deutsche Evangelische Kirchen-
zeitung*, organe du pasteur Stœcker, terminait ainsi l'un de ses
articles : « Puisse le voyage impérial montrer à tous en Orient
que l'Occident protestant veut mettre en action sa foi vivante et
son dévouement, près des collines d'où vient le salut, et que, ce
que chercha par de sanglantes croisades la moyen-âge catholique,
le protestantisme actuel l'obtient par un pacifique pèlerinage! »
(5 novembre 1898). — On trouvera les homélies impériales et les
extraits les plus curieux des journaux dans un article anonyme de
la Quinzaine du 15 janvier 1899 : *Le voyage de Guillaume II et
les intérêts protestants.*

de la société moderne. Tout se tient, en effet, dans le domaine des idées; tout s'enchaîne dans leur action sur la vie des peuples : tentatives pour germaniser les universités de Washington et de Fribourg [1]; efforts pour mettre l'idée catholique au service de l'expansion allemande et réciproquement; intrigues pour arrêter le rayonnement de la puissance française, pour entraver l'essor des Slaves, et pour étouffer sous le nom de « socialisme » toutes les tendances sociales et populaires, tout concourt à prouver que, dans le monde entier, les Allemands et leurs alliés représentent la marche contraire à celle qu'ont tracée les enseignements et les « directions » de Léon XIII.

C'est au nom du principe des nationalités que s'est faite l'unité allemande. L'œuvre achevée en Europe se poursuit aujourd'hui au delà des mers. Elle doit aboutir à la domination universelle de la race et du génie germaniques. La « nationalisation » des missions est un acheminement vers

---

1. A Washington, les Allemands dirigés par Mgr Schrœder réussissent à évincer Mgr Keane, l'un des grands ouvriers de l'œuvre de Léon XIII aux États-Unis. A Fribourg, huit professeurs allemands mécontents de ne pouvoir régenter à leur guise l'Université si active de ce petit canton suisse, donnent collectivement leur démission et réussissent à organiser en Allemagne une bruyante campagne de presse en se faisant passer pour des victimes de la cause allemande. Voyez sur ce second fait : *l'Université de Fribourg en Suisse et ses détracteurs*. Fribourg, Imprimerie de l'œuvre de Saint-Paul, brochure, 1898.

la réalisation de ce dessein ambitieux ; elle est une conséquence de l'exagération et, pour ainsi dire, de l'exportation du principe des nationalités. Or, les missions catholiques, par leur nature et leur destination, sont une institution « supranationale », comme l'est lui-même le magistère souverain qu'exerce la Papauté. Forte de l'éternité que les divines promesses ouvrent devant elle, l'Église espère des temps futurs la réalisation de l'idéal d'unité qui est sa force et sa vie. Les missions sont, parmi les peuples hérétiques ou païens, comme les pierres d'attente du futur édifice de la chrétienté unie sous un même pasteur. L'Église, incarnée dans la Papauté, est une victime du principe des nationalités. C'est au nom de ce principe que la royauté italienne a opéré la « conversion » des biens de la Propagande et mis à la merci des fluctuations du crédit de l'État les ressources destinées à la propagation du catholicisme et au soutien de ses œuvres. Comment voudrait-on que la Papauté fît elle-même l'application d'une doctrine politique dont elle a été si souvent la victime ! qu'elle nationalisât les missions ! qu'elle tarît ainsi la source d'où elle ne désespère pas de voir un jour jaillir de nouveau l'idée de chrétienté ?

Des conventions diplomatiques et des actes du gouvernement pontifical reconnaissent, nous l'avons montré, l'existence de nos droits de protecteurs, en Orient comme en Extrême-Orient.

Mais, des textes, si clairs qu'ils soient, ne sauraient suffire aujourd'hui, si la pratique ne venait les vivifier, à maintenir notre protectorat. Au temps du Grand Roi, la France était la plus puissante des nations catholiques, la seule qui, dans les mers orientales, montrât son pavillon et fît craindre ses canons; les galères du roi Très-Chrétien voguaient dans toute la Méditerranée, y faisaient la police sans rencontrer de rivaux; la tutelle des chrétiens ne pouvait appartenir qu'à la France, puisqu'elle avait seule la force matérielle de les protéger. Au xixᵉ siècle, les circonstances ont changé : l'Angleterre, l'Allemagne, la Russie, l'Italie, l'Autriche ont des escadres dans la Méditerranée, des ambassadeurs à Constantinople, des canons, des soldats. Si la France ne veille pas jalousement sur ses privilèges, si elle cesse de les légitimer par l'importance de ses services, nul doute que, malgré tous les textes, la « nationalisation » des missions ne finisse par se faire à notre plus grand préjudice. C'est le vœu et le but de tous nos rivaux. Toujours aux aguets, surveillant notre politique, ils épient nos défaillances et escomptent nos erreurs. Ils voudraient pouvoir dire, ils disent, que c'est la France elle-même qui renonce à ses antiques prérogatives. Arguant de la circulaire de 1888 qui ordonne de respecter notre protectorat « là où il est en vigueur », ils cherchent les points où nous aurions cessé l'exercice effectif de notre fonction. Qu'un de nos agents, oubliant le sage conseil de Gambetta, exporte son anticléricalisme; qu'un de nos ministres semble retomber dans l'ornière du *Culturkampf*; nos rivaux s'emparent aussitôt de nos fautes et les exploitent.

Le voyage à Jérusalem n'a pas été la marche triomphale que Guillaume II avait espérée; mais il n'en reste pas moins évident qu'une vaste conspiration est formée depuis longtemps déjà contre le protectorat de la France. L'empereur allemand en est le chef : il tient les fils des intrigues de toute sorte qui, dans le monde entier, mettent nos droits en péril; il dirige les attaques qui battent en brèche notre influence. A Rome, à la Propagande, il a des alliés puissants; grâce à eux il espère réussir à « nationaliser » les missions, c'est-à-dire à briser notre protectorat supranational pour en répartir les morceaux entre les peuples chrétiens. L'Angleterre, l'Autriche, l'Italie, la Belgique même [1], le secondent dans cette œuvre

1. Rappelons ici quelques faits. — L'Angleterre, protectrice des missions protestantes, s'appuie volontiers, dans certains pays, sur

de démolition, elles espèrent ramasser les débris
de notre patrimoine; mais c'est l'Allemagne qui
se réserve la plus grosse part. Solidement assise
en Chine par l'importance de ses intérêts économiques, par la force de la position de Kiao-tchéou;
prépondérante dans le Levant grâce à l'amitié du
sultan et aux progrès de la colonisation et du

les missions catholiques : en 1887, l'année même où M. Dunn lan-
çait l'idée d'une nonciature à Pékin, le général Simmons et le duc
de Norfolk venaient à Rome et demandaient que des évêchés anglais catholiques fussent créés dans le nord-est de l'Afrique et
soustraits à la juridiction du primat d'Afrique, Mgr Lavigerie,
archevêque de Carthage. Ils n'obtinrent rien; mais, peu de temps
après, avaient lieu les massacres de l'Ouganda. — Les prêtres de
Saint-Joseph du cardinal Vaughan sont maintenant établis dans
le vicariat du Haut-Nil.

L'Autriche a hérité de Venise le protectorat de l'Église copte :
elle soutient de son influence et de son argent Mgr Macaire, patriarche copte, qu'elle a su faire choisir pour une ambassade
auprès de Ménélik. (C'est à ce choix d'un protégé de l'Autriche
qu'a été surtout dû l'insuccès de cette tentative.) — L'Autriche
entretient en outre, avec l'Italie, d'importantes missions dans le
Soudan. Non contente du protectorat qui lui est officiellement
reconnu dans la Haute-Égypte, « elle s'est efforcée d'étendre son
influence jusqu'au Caire en y encourageant le séjour de Mgr So-
garo, vicaire apostolique du Soudan, et a réclamé que l'œuvre de
la *Propagation de la foi* eût à Vienne un centre spécial. » Cf. G.
Goyau, introduction à l'ouvrage de M. de Béhaine, cité ci-dessus,
page LXXII.

A Florence, l'*Association nationale de secours aux missionnaires italiens* a été fondée; elle est encouragée et subventionnée par
le gouvernement royal.

La Belgique a des missionnaires dans l'État libre du Congo. Le
roi Léopold incline volontiers, on le sait, du côté de l'Allemagne.
Est-ce à l'instigation de l'empereur qu'il chercha à obtenir pour
la Belgique un cardinal de curie ? Il alléguait l'intérêt des missions :
il s'agissait plutôt d'avoir au Conclave un cardinal ayant « le pied
romain », et dévoué à d'autres intérêts que ceux de la France.

commerce de ses nationaux, l'Allemagne, si elle recueillait, en outre, l'héritage de nos droits, couronnerait sa formidable puissance matérielle par une énorme puissance morale ; elle prendrait dans le monde la place éminente que Charlemagne, saint Louis, François Ier, Richelieu, Louis XIV et Napoléon avaient assurée à notre patrie.

Par bonheur, les passions antireligieuses n'ont pas jusqu'ici aveuglé à ce point nos hommes d'État, qu'en général ils n'aient vu le danger. Presque tous ont su défendre notre protectorat, ce boulevard solide de notre puissance extérieure. S'il y a eu des défaillances, elles ont été l'erreur momentanée de ministres trop passagers ; les conséquences de nos fautes de 1887 et de 1891 ont été trop sensibles, dans l'affaire de Kiao-tchéou, pour que le souvenir n'en reste pas longtemps dans l'esprit des hommes qui ont la charge des destinées de notre pays. C'est à tort d'ailleurs que l'on prétendrait que la France a négligé sa fonction tutélaire. Accusant réception à M. Hanotaux d'une lettre de remerciements du Préfet de la Propagande, notre chargé d'affaires à Pékin, M. Dubail, écrivait le 12 septembre 1897 : « ... ce témoignage de gratitude est légitime, car je ne crois pas qu'à aucun autre moment, notre protectorat religieux ait été aussi solidement établi en Chine et ses résultats aussi efficaces[1]. » Les faits abondent pour étayer cette affirmation : en 1870, au temps de nos malheurs, d'affreux massacres avaient ensanglanté Tien-tsin : en 1897, la nouvelle église de Notre-Dame-des-Victoires, scrupuleusement reconstruite sur le modèle de celle que les rebelles avaient jadis détruite, fut inaugurée solennellement. Ce succès, dû à l'énergie de M. Gérard, montra au monde chinois que, si la puissance française a pu subir des éclipses, elle sait toujours faire respecter ses droits et venger ses injures. Au même titre que les Français, les étrangers ont trouvé à la légation de France de tout dévoués défenseurs. Les missionnaires belges de la Mongolie et du Kan-sou ont obtenu des concessions et fondé des stations ; Mgr Christiaens, franciscain belge, évêque du Hou-pe méridional, Mgr Banci, du Hou-pe septentrional, Mgr Amato Pagnucci, du Chen-si septentrional, ont reçu les

1. M. Dubail à M. Hanotaux 12 septembre 1897. *Livre jaune*, Chine, 1894-98, n° 54. — M. Delcassé faisait récemment à la tribune de la Chambre des députés une constatation analogue : « Quant à notre protectorat religieux, — j'en pourrais attester les remerciements des gouvernements étrangers qui en ont bénéficié — j'ai le droit de dire que jamais peut-être il n'a été exercé avec plus d'efficacité que dans le cours de cette année. Presque tous les attentats ou violences contre les missionnaires... ont été réparés ou punis, et, la plupart du temps, avec une promptitude qui atteste en même temps que le zèle et le tact de notre ministre à Pékin, tout le poids de notre influence morale résultant d'une tradition déjà longue. » (Séance du 24 novembre 1899).

satisfactions qu'ils réclamaient et ont vu cesser les persécutions dont ils étaient les victimes. Dans le Hou-nan septentrional, les Augustins espagnols doivent aux autorités françaises l'octroi d'une résidence qu'on leur refusait depuis quinze ans, etc., etc. Faut-il rappeler encore la façon très énergique, très rapide, et très profitable pour nous, dont fut puni le meurtre du P. Berthollet, au Kouang-si ? Ce zèle heureux prouve que la leçon de Kiao-tchéou a porté ses fruits et que le gouvernement a moins que jamais oublié nos droits et négligé nos devoirs [1].

« L'influence, a-t-on dit très justement, n'est pas une force qui s'use par l'emploi que l'on en fait ; elle a besoin au contraire de s'exercer pour s'accroître et même pour se conserver [2]. » Pour garder notre situation privilégiée, il faut la mériter toujours. Nos rois pouvaient parfois traiter rudement la Papauté, ils restaient les « fils aînés de l'Église » ; ils savaient que le Saint-Siège avait besoin d'eux, que nul ne pouvait, dans l'Europe

---

1. Il est bon de remarquer, en opposition avec l'efficacité de notre action protectrice, les actes atroces qui ont ensanglanté ce même vicariat du Chan-toung méridional dont Mgr Anzer est l'évêque et dont le gouvernement allemand s'est déclaré si hautement le protecteur. Si l'on en croit la lettre d'un missionnaire allemand publiée dans la *Kölnische Volkszeitung*, 30 000 catholiques indigènes auraient été massacrés !

2. *Les Missions catholiques en Chine*, par*** dans la *Revue des Deux Mondes* du 15 décembre 1886

d'alors, prendre leur place. Il n'en est plus ainsi à l'heure actuelle : si nous abandonnions notre fonction séculaire, il ne manquerait pas d'héritiers pour recueillir une succession sur laquelle plusieurs ont déjà pris des avancements d'hoirie. — Trois éléments concourent à fortifier notre situation privilégiée. Les traités : ils sont formels en notre faveur, mais l'affaire de Kiao-tcheou et les intentions affichées par l'Allemagne de protéger partout elle-même ses missionnaires, montrent quel fond on peut faire sur des textes qu'une pratique quotidienne cesserait de confirmer; la confiance des chrétiens : presque partout, nous la possédons encore, mais l'or et les promesses semés à profusion par nos rivaux pourraient détacher de la France cette clientèle, toujours si nombreuse, qui va vers la force et forme cortège à la puissance; — reste la Papauté : au Vatican est la clé de voûte de notre protectorat. Accord avec Rome, exercice effectif de nos droits, voilà les deux conditions auxquelles nous garderons intangible ce morceau de la patrie française qu'on appelle le « protectorat des catholiques ».

Le Pape a sauvegardé l'intégrité des droits de la France ; et il est juste de reconnaître que la France reconnaissante n'a pas cessé de remplir la totalité de ses devoirs de protectrice.

A cet égard, un esprit de sagesse patriotique semble jusqu'ici dominer dans les conseils du gouvernement français. Répondant à une « question », M. le ministre des affaires étrangères disait, en 1898, à la tribune de la Chambre des députés : « La France entend exercer en Orient les droits que lui confèrent des traités anciens que l'Europe a reconnus au traité de Berlin et dont l'importance, à tous les points de vue, n'échappe à personne. La France ne peut se soustraire aux devoirs que lui impose ce protectorat. » L'énergie de ce langage était de bon augure : elle présageait le maintien et l'affermissement de notre influence en Orient comme en Extrême-Orient ; elle montrait que le gouvernement avait souci des intérêts majeurs de la politique française.

Dans le cours de l'année dernière, les événements, en Extrême-Orient, sont venus démontrer l'efficacité de l'intervention française pour la protection des intérêts religieux. Par la collaboration des missionnaires et des représentants de la France, un décret impérial fut obtenu, qui crée dans l'empire chinois, au point de vue catholique comme au point de vue français, une situation nouvelle ; il nous reste à esquisser les conséquences de cet acte mémorable.

V

Le décret du 15 mars 1899[1] reconnaît que la religion et le culte catholique sont répandus dans toutes les provinces de la Chine, et, pour prévenir les conflits et assurer la bonne harmonie entre la population et les chrétiens, il fixe la manière dont les rapports officiels s'établiront entre les fonctionnaires impériaux et les missionnaires. Il s'agit, en somme, d'une sorte de « décret de Messidor », qui assigne aux ministres de la religion catholique un rang dans la hiérarchie chinoise, qui les assimile, au point de vue du protocole, à des catégories déterminées de mandarins. Pour qui sait que les questions de forme et de cérémonial sont souvent, en Chine, les plus essentielles et toujours les plus épineuses, l'importance de la décision récente du gouvernement ne fera aucun doute : elle équivaut réellement à une reconnaissance officielle du catholicisme dans l'empire. Les évêques sont déclarés « égaux en rang et en dignité aux vice-rois et gouverneurs », ce qui apparaît comme une marque de très haute estime ; les vicaires généraux et les archiprêtres

1. On en trouvera le texte ci-dessous dans nos *Documents*.

« aux trésoriers et aux juges provinciaux et aux intendants » ; les autres prêtres « aux préfets de première et de deuxième classe », etc. Les formalités d'étiquette ainsi réglées par avance, les missionnaires des différents degrés de la hiérarchie sont « autorisés à demander à voir » les fonctionnaires chinois de dignité correspondante et à traiter avec eux, à l'amiable, les affaires religieuses ; les mandarins sont invités à « négocier sans retard, d'une façon conciliante, et à rechercher une solution ». — S'imaginer que les prêtres catholiques jouiront du jour au lendemain d'une sécurité complète, que les difficultés seront toujours réglées dans un esprit de concorde, ce serait mal connaître la Chine : les ordres de la capitale parviennent lentement dans les provinces de l'immense empire et ils y sont exécutés plus lentement encore ; les apôtres du christianisme se heurteront encore souvent aux résistances locales, aux préjugés invétérés, à l'hostilité traditionnelle des mandarins et des lettrés ; mais le décret impérial n'en est pas moins, au seul point de vue de la religion et de la civilisation, un très grand acte dont on ne saurait, sans témérité, préjuger aujourd'hui les conséquences possibles[1]. Peut-être,

---

1. Il est bon de faire remarquer que le décret emploie le terme général « les chrétiens », ce qui implique les chrétiens indigènes.

dans les temps futurs, le décret du 15 mars 1899 apparaîtra-t-il comme l'une des grandes dates de l'histoire de l'humanité civilisée.

Le nouvel acte du gouvernement chinois, si favorable aux missions, est, du même coup, un succès pour la diplomatie française : il suffirait, pour en être certain, de constater avec quelle mauvaise humeur les journaux étrangers en ont accueilli l'annonce. C'est surtout à l'influence de Mgr Favier, des Pères Lazaristes de Paris, évêque de Pékin, qu'est dû le beau résultat qui vient d'être obtenu ; mais on est heureux de reconnaître qu'il a rencontré dans les représentants de la République française un appui vigoureux et efficace. Après M. Gérard, qui avait su porter si haut le prestige de la France, la tâche de protéger les missions catholiques échut à M. Stephen Pichon ; échappé à l'atmosphère viciée du parlement et animé du souci patriotique de ne laisser péricliter entre ses mains aucune partie du patrimoine national, l'ancien député de Paris a mis au service du protectorat français les ressources d'un esprit souple et d'un caractère énergique : c'est lui-même, comme représentant de la puissance protectrice du catholicisme en Chine, qui, par une

Jusqu'ici le gouvernement Chinois s'était toujours refusé énergiquement à cette extension, dont les conséquences possibles se devinent.

circulaire aux évêques, leur a notifié officiellement l'heureux changement survenu dans la situation du clergé catholique. « Les pourparlers qui ont eu lieu, écrivait-il, le 29 mars 1899, à Mgr Favier, à propos de l'élaboration de ce document impérial, entre vous et S. E. Jong-lou, ne pouvaient avoir que mon approbation et vous avez bien voulu me tenir au courant de vos démarches au succès desquelles applaudiront tous nos missionnaires, car c'est à vous que revient le mérite d'avoir obtenu pour eux une satisfaction qu'ils désiraient depuis longtemps. » — Le décret du 15 mars est en effet gros de conséquences pour l'influence française. En cas de difficultés graves, y est-il dit, survenues « dans une des provinces quelle qu'elle soit, » et qui n'auront pu être réglées d'un commun accord entre les missionnaires et les mandarins, « l'évêque et les missionnaires du lieu devront demander l'intervention du ministre ou des consuls de la puissance à laquelle le pape a confié le protectorat religieux ». Tels sont les termes du décret ; ils constatent officiellement, en prescrivant aux missionnaires de s'adresser non pas aux représentants de leurs gouvernements respectifs, mais à « la puissance » protectrice, que le régime du protectorat est et reste la forme des rapports entre l'État chinois et l'Église catholique. La puissance à laquelle fait allusion le texte n'est pas plus explicitement désignée ; mais, en vertu des traités conclus avec le gouvernement chinois, confirmés par une longue pratique et par de très nombreux témoignages de la gratitude de la Propagande et des missionnaires eux-mêmes, c'est la France qui a, dans les quarante vicariats apostoliques de l'empire, — sauf un seul, — la charge de défendre les intérêts religieux. Si l'on se souvient des événements de Kiao-tchéou, de la manière dont la mission allemande de Mgr Anzer, obéissant à des suggestions directes de Berlin, a pu jadis se soustraire à la tutelle du ministre de France pour se placer sous la protection de l'Allemagne on comprendra mieux la genèse et la portée de l'acte négocié entre Jong-lou et Mgr Favier. L'agression brutale qui a fait tomber Kiao-tchéou aux mains des Allemands a profondément blessé l'amour-propre chinois ; et il ne serait pas étonnant que le gouvernement de l'impératrice douairière ait cherché, en accordant satisfaction aux désirs depuis longtemps poursuivis des missionnaires, à prévenir le retour de pareils attentats et à empêcher les différends religieux de servir de prétexte à un démembrement de l'empire. A la lumière des faits, le décret du 15 mars prend donc une valeur

nouvelle : il apparaît bien comme une confirmation implicite des « positions acquises » et des
« prérogatives » qu'ont values à notre nation « son
attachement au catholicisme et l'héroïsme de ses
missionnaires ». Jamais d'ailleurs nos « prérogatives » n'ont été plus vraiment « la consécration
des services rendus par la France dans le monde
aux intérêts religieux [1] ».

Dans le Céleste Empire, les actes législatifs,
comme les traités, n'ont de valeur réelle et d'effet
que celui qu'on sait leur donner : le décret du 15
mars, émané de la volonté impériale, pourrait être
annulé par un caprice de cette même volonté; il
peut aussi rester lettre morte et ne pas recevoir
d'application : il ne produira tous ses résultats
que si une puissance extérieure intervient pour
en garantir l'exécution. Le Saint-Siège, pouvoir
moral et matériellement désarmé, ne saurait donc
aujourd'hui, — même si les bonnes dispositions

---

1. Il est piquant de trouver, avec une affirmation nouvelle et
un souhait « d'affermissement des liens qui rattachent la France au
Saint-Siège », une constatation des « prérogatives » de notre protectorat dans les discours officiels échangés entre Mgr Lorenzelli et
M. le Président de la République, lors de la cérémonie de remise
des lettres de créance du nouveau nonce (21 juillet 1899). C'est à
ces deux harangues qu'appartiennent les expressions que nous pla-
çons entre guillemets. Les premières sont empruntées à Mgr Lorenzelli ; les suivantes, ainsi que celles que nous reproduisons dans
cette note, ont été prononcées par M. Loubet. La grande portée
des paroles échangées, dans une circonstance officielle, par ces
deux hauts personnages, n'échappera à personne.

actuelles du gouvernement chinois et la multiplication des conversions devenaient pour le Souverain Pontife un motif de reprendre d'anciens projets et d'établir à Pékin une délégation apostolique comme il en existe une à Constantinople, — se passer, dans cet Extrême-Orient où la force seule est respectée, au milieu du conflit des convoitises politiques et économiques, du concours d'une nation catholique disposant de cuirassés et de soldats. Ainsi restent liés, par une étrange fatalité historique dont nous sommes les bénéficiaires parfois peu reconnaissants, les intérêts du catholicisme et ceux de la France. Il n'est pas indifférent pour l'avenir qu'au moment où les puissances du capitalisme forment des syndicats pour l'exploitation du Céleste Empire, la France seule garde, au milieu du déchaînement des appétits, l'honneur de poursuivre une politique en partie désintéressée et reste seule à faire, parmi les rivalités nationales, œuvre supranationale. Et, à l'heure où la vieille Chine s'ouvre aux idées nouvelles, comme aux machines européennes, à l'heure où le levain de la parole évangélique paraît commencer à soulever quelque peu la pâte inerte du monde jaune et où lentement les antiques préjugés semblent ébranlés, à l'heure enfin où « une autre Chine [1] » va peut-

1. C'est le titre d'une brochure très intéressante de Mgr Reynaud, vicaire apostolique du Tche-kiang (Abbeville, Paillart, 1897).

être s'élever sur les ruines de l'ancienne, c'est une grande force pour nous d'avoir là-bas, par le concours traditionnel du Saint-Siège et du gouvernement français, la garde des intérêts religieux, et que de longs services et un dévouement continu fassent espérer à la France de devenir, à l'instant décisif, comme la marraine de la Chine régénérée.

C'est aux efforts qui sont faits pour nous en dépouiller qu'il faut mesurer le prix de notre protectorat international. Legs d'un passé qui fut très grand, il ne s'impose pas seulement à nous comme un héritage sacré, mais aussi comme une nécessité pratique du temps présent : « les vrais hommes de progrès, a écrit quelque part Renan, sont ceux qui ont un respect profond du passé. » Accommoder la force traditionnelle des temps anciens aux circonstances nouvelles et aux formes actuelles du gouvernement de la France et de l'Église, c'est l'œuvre qui s'impose à nos hommes d'État, s'ils comprennent qu'ils sont, comme le leur disait un jour le président de la Chambre des députés, M. Paul Deschanel, « les dépositaires de quinze siècles de labeur et de gloire ». Le protectorat des catholiques par la France ne peut plus être aujourd'hui ce qu'il était au temps de François Ier et de Louis XIV. Il doit se modifier en se modelant sur les besoins nouveaux des sociétés modernes. S'il n'est plus la fonction du « roi Très-Chrétien, » il doit rester le devoir d'un gouvernement soucieux des intérêts majeurs de la France et du développement harmonieux de son histoire. Renoncer à nos prérogatives les plus enviées sous le prétexte qu'elles sont un héritage de l'ancienne monarchie, qu'elles touchent nécessairement aux questions religieuses et impliquent des relations avec le Saint-Siège, serait la pire des trahisons; le protectorat, c'est en Extrême-Orient et en Orient notre Kiao-tcheou, notre Port-Arthur, notre Égypte; c'est aussi une part de notre histoire, c'est-à-dire une parcelle précieuse de l'âme française [1]. Abandonner tout cela, ce serait pour la France dans le monde un désastre matériel et une faillite morale.

Le protectorat des catholiques est, en effet, pour nous, une source d'avantages matériels. Peut-être, à la fin de ce siècle de « positivisme », est-ce l'argument seul des intérêts immédiats qu'il conviendrait d'invoquer pour rendre précieux aux yeux de la France l'exercice de sa prérogative. Mais, sans sortir de ce domaine des choses pratiques, n'est-il pas vrai de dire que, pour être

---

[1]. « C'est l'histoire qui, en faisant de nous les ouvriers de la même œuvre, a fait de nous la race française » F. Brunetière, *l'Idée de Patrie*, broch. Hetzel. Ce discours a été réimprimé dans les *Discours de combat* (1 vol. in-18, Perrin).

invisibles et comme impalpables, les forces morales n'en sont pas moins des réalités fécondes? Le protectorat est une de ces forces : produit lentement élaboré de dix siècles d'efforts, il prouve la continuité de notre histoire nationale, il aide à relier, par-dessus les déchirures et malgré les hiatus, la France d'aujourd'hui à la France de jadis; il reste pour notre patrie un moyen, l'un des derniers qui ne lui aient pas échappé, d'exercer au loin une action d'autant plus précieuse qu'elle est plus désintéressée et qu'elle n'est pas asservie aux besoins changeants d'une politique uniquement soucieuse d'intérêts commerciaux ou industriels. Est-ce qu'en définitive la grandeur d'un pays ne se mesure pas à son influence sur la marche générale de l'humanité? Est-ce que l'histoire ne nous apprend pas qu'il faut, pour faire grande figure, qu'une nation représente et incarne un principe? Et, quand on sait les lire, est-ce qu'enfin les annales du passé ne crient pas que, plus encore que les intérêts, les idées mènent le monde?

CHAPITRE III

LA FRANCE ET LA QUESTION D'EXTRÊME-ORIENT
EN 1900

Sommaire. — Rôle traditionnel de la France en Extrême-Orient.

I. — Les conséquences de l'affaire de Kiao-tchéou. — La politique des compensations : série de conventions avec la Chine. — La politique française après Kiao-tchéou. — Occupation de Kouang-tchéou-ouan. — « Déclarations d'inaliénabilité » et valeur de ces déclarations. — Fléchissement du prestige français en Chine. — L'Affaire de Changhai. — Intervention « peu amicale » des Anglais. — Diminution générale de l'influence française après Fachoda. — Remèdes.

II. — La France voisine de la Chine. — Valeur propre et valeur relative du Tonkin ; ses relations avec la France et avec les pays d'Extrême-Orient. — La « soudure commerciale » entre la Chine et l'Indo-Chine. — Exemples. — Esprit qui doit nous guider dans la réglementation des rapports économiques de notre colonie et dans nos relations avec les Chinois. — Nécessité d'un bonne politique commerciale.

III. — Le Tonkin considéré comme débouché de la Chine méridionale. — Aspect général de la Chine méridionale. — Le Kouang-toung et le Kouang-si. Importance de Pakhoï. — Le Yun-nan. La voie du Yeou-kiang et la voie du Fleuve-Rouge. — Chemins de fer français de pénétration. — Aperçu historique. — Ligne Pakhoï-Nan-ning.

Notre France a été en Extrême-Orient, selon
la tradition de son histoire, une initiatrice : la première, avec l'Angleterre, elle a noué des relations
avec la Chine ; elle y a assumé la protection des missionnaires et obtenu l'ouverture de ports de commerce. Elle gouverne à ses portes un empire de
vingt millions d'âmes, elle est devenue une puissance asiatique : elle ne saurait rester indifférente
à cette grandiose préparation d'avenir qui s'élabore
dans le monde jaune. Nous avons, dans l'Empire
du Milieu, une influence à conserver et à agrandir,
un rôle glorieux d'éducateurs à soutenir ; nous
avons aussi une part de bénéfices à tirer du nouvel essor économique qui s'annonce. Quelle est, à
l'heure actuelle, notre situation en face de la ques-

tion d'Extrême-Orient, dans quelles voies s'est engagée notre politique et dans quel sens il convient d'orienter nos efforts, c'est ce que nous voudrions maintenant tenter de dégager. Aussi bien est-ce pour notre destinée dans le monde une question vitale, car c'est dans le partage actuel des territoires, des influences et des sources de richesses du globe tout entier que se préparent des lendemains de prospérité et de puissance pour les nations qui seront, aux siècles prochains, les directrices de la vie civilisée et les protagonistes de l'histoire humaine. La France doit à elle-même et à son passé d'être l'une de celles-là.

I

Le coup de force de Kiao-tchéou ouvre une crise décisive dans l'histoire de la question d'Extrême-Orient. Commencées avec la guerre sino-japonaise, les premières péripéties du grand drame politique qui se joue autour de la Chine sont closes : nous assistons au second acte [1]. Si

1. Pour toute la période de la guerre sino-japonaise jusqu'à l'affaire de Kiao-tchéou, voyez ci-dessus : *La guerre sino-japonaise et la pénétration étrangère en Chine*. On se reportera aussi aux articles de M. Pierre Leroy-Beaulieu (*Revue des Deux-Mondes* des 15 novembre 1898, 1er janvier, 1er mars et 1er septembre

les personnages restent les mêmes, leurs attitudes changent; ils se conforment au cours nouveau qu'a donné aux affaires l'ordre inattendu de l'empereur d'Allemagne aux marins de l'amiral Diederichs et leur débarquement sur le territoire du Chan-toung (17 novembre 1897). Cette prise de possession violente, en pleine paix, d'un morceau de l'une des dix-huit provinces, modifia les éléments du problème et la situation respective des grandes puissances vis-à-vis du Céleste Empire : la politique française, comme les autres, en ressentit les effets et s'en trouva troublée.

Depuis qu'avec la Russie et l'Allemagne la France avait arrêté la marche victorieuse des armées japonaises et sauvé l'intégrité de l'Empire du Milieu, elle exerçait, à côté de son alliée et d'accord avec elle, une influence prépondérante à la cour de Pékin. Les trois puissances qui s'étaient concertées pour donner aux Japonais le « conseil amical » d'évacuer le Liao-toung avaient acquis, de ce fait, un très utile ascendant sur le gouvernement chinois; il était, dans une certaine

1899). La suite des faits, que nous n'avons pas prétendu indiquer ici, est, malgré quelques erreurs, assez bien résumée dans *la Chine : expansion des grandes puissances en Extrême-Orient* (*1895-1898.*) Paris, Chapelot et Cie, 1899, 1 vol. in-8° Carte. On consultera avec fruit sur un point spécial : *les Commerçants en Chine* par M. Maurice Courant, dans la *Revue des Deux-Mondes* du 15 juin 1899.

mesure, leur client, en tout cas leur obligé et l'on
savait au besoin lui rappeler les services rendus.
Si cet heureux accord se fût prolongé, la Russie,
la France, l'Allemagne, auraient pu devenir les
éducatrices d'une Chine régénérée et présider à
la lente évolution qui, d'un pays fermé, fait un
domaine ouvert à l'activité européenne. L'Angleterre portait la peine des fluctuations d'une
politique dont, à Pékin comme à Tokio, on avait,
pendant la guerre sino-japonaise, pénétré le double jeu : l'on savait faire entendre au Tsong-li-
Yamen qu'il ne pouvait, en bonne équité, traiter
avec la même faveur la Russie, l'Allemagne, la
France, qui avaient sauvé la Chine, et la Grande-
Bretagne, qui l'avait abandonnée à l'heure du
péril. Mais, des trois grands États, dont l'entente
faisait la force, l'Allemagne manquait en Extrême-
Orient d'un point d'appui territorial; tandis que
son commerce ne cessait de s'accroître, elle ne
possédait pas un pouce de sol : sur les rivages
chinois, ses vaisseaux et ses marchands étaient,
si l'on ose dire, en l'air. La Russie et la France,
au contraire, appuyées sur leurs empires de Sibérie et d'Indo-Chine, marchant d'ailleurs d'accord dans la ferveur d'une alliance nouvelle,
étaient en mesure d'exercer sur le gouvernement
impérial une sorte de protectorat moral. Il était

légitime que l'Allemagne pût occuper, hors de la
Chine proprement dite, une colonie ou un port,
et sans doute il eût été facile de trouver au problème une solution amiable; mais l'empereur
Guillaume II préféra faire seul un coup d'éclat :
il saisit le prétexte de l'assassinat de deux missionnaires allemands du vicariat du Chan-toung
méridional, dont une négligence de notre gouvernement avait laissé échapper (en 1887 et en
1891) le protectorat religieux, pour s'emparer de
la belle rade de Kiao-tchéou, sur la côte Est de
la presqu'île du Chan-toung, cette Bretagne chinoise, et pour y planter solidement « le bouclier
orné de l'aigle impériale ».

La gravité de l'acte de Kiao-tchéou ne pouvait
échapper à personne : c'était la Chine, la vraie
Chine des dix-huit provinces, entamée; c'étaient
surtout des procédés nouveaux et funestes intro-
duits dans la politique extrême-orientale. L'Allemagne, en se taillant elle-même sa part, en
montrant comment on peut abuser de la faiblesse
du gouvernement de Pékin, créait un déplorable
précédent. Si ces errements fâcheux étaient suivis, le partage de la Chine commencerait, et c'est
l'une des puissances garantes, en 1895, de son
intégrité qui, en 1897, aurait donné l'exemple de
la spoliation. A Paris, l'on mesura toute la portée

dangereuse de l'acte de l'empereur allemand ; mais l'Angleterre, gagnée, après l'entrevue du prince Henri de Prusse avec les ministres de la reine, par des concessions dans une autre partie du monde, interrompit brusquement ses protestations d'abord très vives ; quant au tsar, il fit, sur l'invitation du gouvernement chinois, occuper par son escadre la baie de Port-Arthur, d'où elle pourrait surveiller et au besoin arrêter les progrès inquiétants des Allemands : en réalité, sous couleur de sauvegarder l'intégrité de la Chine, les Russes s'emparaient d'une proie longuement convoitée et s'installaient enfin dans ce golfe du Pe-tchi-li où tendait, depuis si longtemps, tout l'effort de leur politique.

Bref, l'Europe acceptait le fait accompli : le principe de l'intégrité du Céleste Empire sembla ne plus survivre que dans l'hypocrisie des formules diplomatiques ; derrière les « cessions à bail » ou les « concessions temporaires », l'acte de Kiao-tchéou apparaissait avec sa brutalité guerrière et donnait aux avantages réclamés par les Européens le caractère de véritables conquêtes. C'était bien cependant de points d'appui stratégiques et de bases territoriales pour le commerce qu'en réalité il s'agissait ; mais, malgré tout, une politique nouvelle prévalait : comme dans l'Orient musulman, « intégrité » paraissait devenir synonyme d'égalité dans la spoliation.

Chacun voulut sa part, chacun menaça le Tsong-li-Yamen, s'il se montrait récalcitrant, d'une visite de cuirassés ou d'un débarquement de marins. De « compensations » en « compensations », les Allemands occupèrent pour 99 ans le territoire de Kiao-tchéou (traité de Pékin, 6 mars 1898) ; les Russes obtinrent la cession à bail de Port-Arthur, de Talien-ouan et le droit de relier ces ports au Transsibérien (traité du 15-27 mars 1898). Puis les Anglais, pour calmer l'opinion publique très excitée, se firent accorder, dans les mêmes conditions, Wei-hai-wei (4 avril 1898) ; la France enfin (traité du 5 avril) demanda la baie de Kouang-tchéou-ouan et des concessions de chemins de fer, qu'une seconde convention, après l'assassinat du P. Berthollet, vint compléter (7 juin) ; en réponse, la Grande-Bretagne se fit encore céder, en face de Hong-kong, l'important territoire de Kao-loung (9 juin)[1]. Ainsi, chacun à l'envi s'efforçait d'arracher à la faiblesse de la Chine des concessions de toute sorte : et le jeu continua par une demande de l'Italie ! Par une étrange et habile antithèse, seul, le vainqueur de 1895, le Japon, n'exigea aucun territoire ; il évacua Wei-hai-wei sans diffi-

1. Voyez notre appendice III.

cultés, pour le remettre aux mains des Anglais ; c'est de l'avenir qu'il attend les fruits de sa modération.

La politique inaugurée à Kiao-tchéou ne pouvait guère être favorable à la France. L'Allemagne, qui avait paru, dans l'intervention de 1895, comme entraînée dans le sillage de l'entente franco-russe, affirmait avec éclat qu'elle entendait se réserver un premier rôle indépendant. Le voyage retentissant du prince Henri de Prusse, sa réception particulièrement flatteuse au Palais montrèrent qu'il s'élevait à Pékin une influence nouvelle, rivale des plus anciennes. L'Angleterre, du même coup, reprenait la position que ses hésitations de 1895 lui avaient fait perdre : réconciliée avec l'Allemagne, elle enlevait avec elle l'émission très disputée d'un emprunt chinois ; elle là laissait agir à sa guise dans le Chan-toung, satisfaite de briser cette entente russe-française-allemande, — politique perpétuelle de la Grande-Bretagne, — que les événements avaient faite dans ces lointains parages. La force des choses nous conduisait dans une voie qui n'était point la nôtre ; « nous appréhendions plus qu'aucune autre puissance d'ouvrir la question chinoise [1], » et, malgré nous, elle était ou-

---

1. M. Hanotaux à M. le baron de Courcel, 20 mars 1898. *Livre jaune*, n° 62. Voyez ci-dessous, document I.

verte ; notre prudence même, « le principe éminemment conservateur qui nous guidait, » nous
plaçaient dans un état momentané d'infériorité ;
nos demandes se produisirent les dernières et furent les plus modérées. Depuis l'intervention de
1895, nous avions, en Chine, avec les Russes,
exercé sur la marche de la politique une action
directrice ; nous étions réduits, après Kiao-tchéou,
à suivre un élan que nous n'avions pas donné ;
nos avis étaient moins écoutés au Tsong-li-Yamen,
et, malgré la concession du chemin de fer Pékin-
Han-kéou, que nous obtenions pour un syndicat
franco-belge, notre influence à Pékin faiblissait.

Lorsqu'il apparut que notre dignité nous obli-
geait à réclamer la concession d'un port, ce fut la
baie de Kouang-tchéou-ouan, voisine du Tonkin,
qui fut choisie. Elle s'enfonce dans les terres, à
l'est de cette péninsule du Lei-tchéou qui s'avance
dans la mer à la rencontre d'Haï-nan et ferme à
l'orient le golfe du Tonkin. Au point de vue commercial, cette rade n'a qu'une valeur insignifiante [1] ;
mais, au point de vue stratégique, la position a son
prix. La baie qui, dès les premiers mois de 1895,
avait été étudiée par le *Lutin*, est assez profonde

1. D'après les rapports de la *Mission Lyonnaise* (2ᵐᵉ partie, page
206), le commerce total de la péninsule du Lei-tchéou est de 5.850.000
francs. Les exportations consistent en arachides et en sucre. Les
importations n'atteignent pas un million.

pour les grands bâtiments ; plusieurs passes, très sûres quand on les a une fois reconnues, y mènent. Kouang-tchéou-ouan est un poste de grand'garde en avant du Tonkin ; il en protège les avenues, il menace la grande voie commerciale de Hong-kong à Singapour ; il pourra être un excellent refuge pour des torpilleurs, qui s'avanceraient de là jusque dans les parages de Hong-kong et se retireraient sans danger, en se glissant le long de la côte parmi le dédale des îles. En plantant son drapeau sur cette position, la France, — ainsi que l'avait fait dans le nord la Russie, — a voulu surtout marquer, comme par un jalon, que tout le pourtour du golfe du Tonkin rentre dans sa « sphère d'activité » et qu'elle n'y admettrait l'intervention d'aucune puissance étrangère. Déjà nous avions obtenu (15 mars 1897) une « déclaration » du Tsong-li-Yamen portant que jamais l'île d'Haï-nan ne serait aliénée sous quelque forme que ce fût au profit d'une puissance quelconque. En même temps que la baie de Kouang-tchéou-ouan nous était cédée à bail pour 99 ans, une « déclaration » analogue nous fut accordée pour les trois provinces qui avoisinent le Tonkin (Yunnan, Kouang-si, Kouang-toung)[1].

L'occupation de Kouang-tchéou-ouan et les

1. Déclaration du 10 avril 1898. *Livre jaune*, n° 65, annexe 2.

« déclarations d'inaliénabilité » caractérisaient notre politique en Extrême-Orient : conserver notre influence à Pékin à titre d'amis du Fils du Ciel, de gardiens de son indépendance et de l'intégrité de ses États ; obtenir, grâce à cette intimité, la sécurité de nos frontières et des avantages qui nous permissent de promouvoir et de diriger, dans les provinces méridionales de l'Empire, un développement économique dont nous serions les premiers à profiter, telles en apparaissaient les maximes essentielles.

Selon les pays et les circonstances, les mots changent de sens et les formules de contenu. En Afrique, les « sphères d'influence » ont été délimitées par des traités entre les gouvernements européens, et la démarcation de ces zones a abouti à un véritable partage du continent noir. Rien de pareil en Asie : une analogie apparente a pu causer des méprises ; on a parlé trop tôt du « partage de la Chine », comme si l'on « partageait » un empire de 400 millions d'hommes avec autant de facilité qu'un Sahara ! On nous accuse volontiers de vouloir nous approprier des morceaux de l'Empire du Milieu et c'est à nous que l'on fait allusion lorsqu'on dénonce « la politique égoïste » de certaines puissances [1]. Il y a là

1. Lord Charles Beresford, *The break up of China*. Londres et New-York, Harper, 1 vol., 1899 (p. 439).

une confusion, peut-être voulue, qu'il importe de dissiper. Ces déductions trop hâtives reposent uniquement sur les « déclarations d'inaliénabilité ». Celles-ci n'ont pas le même sens selon qu'on les regarde du point de vue chinois ou du point de vue européen. Lorsque, pour la première fois, le prince Kong entendit formuler une pareille exigence à propos d'Haïnan, il répondit que, l'île faisant partie intégrante du territoire chinois, jamais le gouvernement ne pourrait avoir l'idée de la céder à qui que ce soit et qu'il ne comprenait pas pourquoi nous désirions en recueillir l'assurance officielle; mais, « étant données les relations étroites d'amitié et de bon voisinage que la France entretient avec la Chine, » le Tsong-li-Yamen consentit purement et simplement à constater que l'île est et restera chinoise [1]. Ces actes ne concèdent donc aucun droit d'aucune sorte à la puissance à qui ils sont adressés; ils sont avant tout une affirmation du principe de l'intégrité du Céleste Empire. Mais, vis-à-vis des autres nations qui ont en Chine des intérêts, ces déclarations ont une portée tout autre; elles signifient que la France, par exemple, n'admettrait pas qu'une puissance quelconque occupât un territoire, soit dans l'île d'Haï-nan, soit dans

1. Voyez ci-dessous document II.

les provinces contiguës au Tonkin, et qu'elle serait prête, le cas échéant, à donner son appui au gouvernement chinois pour en interdire l'accès. M. de Bülow, au Reichstag, a parfaitement défini cette politique [1]. « On a parlé du partage de la Chine, a-t-il dit. Un tel partage ne sera jamais en faveur auprès de nous. Tout ce que nous avons fait est de prendre nos précautions pour que, quoi qu'il arrive, nous ne restions pas les mains vides. Le voyageur ne peut décider quand le train partira, mais il peut faire en sorte de ne point le manquer quand il partira. Tant pis pour les retardataires. Mais nous ne désirons pas un partage de la Chine et je ne crois pas que ce partage soit imminent... Nous ne voudrons jamais être un brandon de discorde, mais nous ne jouerons pas le rôle de Cendrillon. » Nous aussi, nous avons tenu à être prêts si le train vient à partir... L'intégrité de la Chine reste garantie ; juridiquement, les concessions à bail ne l'ont pas entamée ; mais chacune des grandes puissances a voulu marquer à quelle part, dans l'éventualité d'un partage, elle prétendrait.

S'il était nécessaire de déterminer, dans le sud de la Chine, une région où nous pourrons exercer

---

1. Déclaration de M. de Bülow, 27 avril 1898. *Blue Book* de 1899, n° 64.

plus spécialement notre action et développer notre commerce, il serait fâcheux de devenir nous-mêmes les dupes de la « politique des sphères d'influence », de nous cantonner dans une action provinciale et de négliger de faire sentir à Pékin l'influence que légitiment les services rendus et nos bonnes relations avec le gouvernement impérial. La Chine reste et doit rester ouverte au commerce international ; nous y avons des intérêts considérables dont nous devons prendre à cœur la sauvegarde et le développement ; des maisons françaises y ont obtenu des concessions de chemins de fer, de mines ; des ingénieurs français y dirigent des travaux, y organisent des exploitations, y reconstruisent l'arsenal de Fou-tchéou : nous avons de gros capitaux engagés dans la ligne de Pékin à Han-kéou, exécutée par un syndicat franco-belge. Nos nationaux ont droit à des places dans l'administration des douanes, dans celle des postes quand elle sera définitivement organisée. Nous avons donc, en Chine, des intérêts généraux sur lesquels il est indispensable de veiller comme sur nos intérêts locaux dans le Sud. Il semble malheureusement que, depuis deux ans, nous ayons laissé échapper des occasions de manifester notre force à Pékin : lors de la fameuse révolution de palais de l'automne 1898, toutes les grandes puissances ont, avant nous, fait entrer dans la capitale des marins chargés de garder les légations ; sous les yeux des Orientaux, qui jugent tout par les apparences, un tel retard a été regrettable. Enfin, notre prestige a été imprudemment engagé dans l'affaire de Chang-hai.

Les difficultés actuelles à Chang-hai sont un épisode de l'histoire déjà longue de l'établissement des concessions européennes. En résumer les phases, ce serait les dénaturer : on peut les suivre, à défaut d'un *Livre jaune*, dans le *Livre bleu* de 1899.

Les Anglais depuis 1844, les Français depuis 1849 ont obtenu du gouvernement chinois des concessions de terrains à Chang-hai [1]. Le régime des deux concessions, identique à l'origine, fut modifié par le fait qu'en 1863 les Anglais s'entendirent avec les Américains, installés à côté d'eux depuis 1849, pour donner à leurs territoires une administration commune et pour y admettre les nationaux de toutes les « puissances à traité ». Il existe donc, à côté d'une concession française indépendante et autonome, une concession anglo-américaine cosmopolite qu'administre

1. Voyez l'étude de M. le capitaine de frégate Prosper Giquel : *la Politique française en Chine depuis les traités de 1858 et de 1860*, dans la *Revue des Deux-Mondes* du 1ᵉʳ mai 1872. Voyez aussi ci-dessous notre appendice II.

une commission présidée par le doyen du corps consulaire, même lorsqu'il se trouve être Français. La cause première du conflit actuel est dans cette différence de régime. Trouvant leur avantage à pratiquer la « politique de la porte ouverte », les Anglais ont, de leur plein gré, renoncé à leurs prérogatives originelles et maintenant ils considèrent comme « préjudiciable aux intérêts britanniques » que nous ayons, nous, conservé notre situation privilégiée [1]. — L'augmentation du commerce amena le besoin urgent d'étendre toutes les concessions, la nôtre comme le *settlement* anglo-américain : en mars 1896, un projet d'agrandissement général de tous ces territoires, préparé d'un commun accord par les ministres des puissances intéressées, fut présenté au Tsong-li-Yamen. Les négociations traînaient en longueur, mais l'entente subsistait entre les représentants étrangers, quand un incident vint provoquer les difficultés qui sont encore pendantes. A l'intérieur de la concession française, la corporation des marchands de Ning-po possédait un cimetière; l'on y déposait les cadavres en attendant qu'on les embarquât pour les rendre à leur terre natale; c'était pour notre établissement un voisinage infect et dangereux, mais toucher à un

1. *Blue Book*, n° 319.

cimetière, en Chine, où le respect superstitieux des morts est le fond de la religion populaire, c'est un véritable sacrilège. En mars 1898, la municipalité française prévint les gens de Ning-po d'avoir dans un délai de trois mois à enlever les tombes et les cercueils et à nous abandonner le terrain ; puis, le délai passé, elle fit, sous la protection des marins de *l'Éclaireur*, démolir le mur du cimetière (16 juillet). Une émeute éclata, il y eut des morts et des blessés ; les boutiques se fermèrent et tout le mouvement des affaires se trouva du coup paralysé. La sédition fut vite apaisée par l'intervention des gros négociants de Ning-po, mais les suites de la précipitation de la municipalité française furent des plus fâcheuses. Tandis que le *settlement* anglo-américain a reçu l'agrandissement dont il avait besoin, nous attendons encore pareille satisfaction et nous n'avons même pas tranché la question du cimetière. Avec une mauvaise volonté persistante, avec un parti pris « peu amical » de faire échouer nos efforts, la diplomatie britannique a agi contre nous auprès de Tsong-li-Yamen et du vice-roi de Nankin ; et chaque fois que, de concessions en concessions, nous avons cherché à arriver à une solution, les Anglais, plus exigeants à mesure que nous semblions fléchir, ont fait rejeter nos revendications. En vain le gouvernement français admit-il progressivement à peu près toutes les prétentions britanniques : le *Foreign office* continua de se dérober, sous prétexte que « les garanties offertes pouvaient être retirées [1] ». Le 3 décembre, notre consul étant allé à Nankin pour s'aboucher avec le vice-roi, deux bâtiments anglais, bientôt rejoints par un troisième, vinrent mouiller devant la ville « pour donner un appui moral au vice-roi dans sa résistance aux demandes françaises [2] ». Et l'amiral lord Charles Beresford qui, au cours de sa mission commerciale, se trouvait, comme par hasard, à Nankin, faisait, lui aussi, de son mieux pour démontrer au mandarin « que nos demandes étaient exorbitantes [3] » et pour l'encourager à ne pas céder. « Pressez le gouvernement chinois, télégraphiait lord Salisbury à sir Claude Mac-Donald, le 9 décembre, de refuser l'extension de l'établissement français à Chang-hai, mais d'offrir à la place une augmentation de l'établissement international dans lequel les demandes françaises de terrains pourront trouver satisfaction [4]. » Ainsi,

---

1. Lord Salisbury à sir Claude Mac-Donald, 9 décembre 1898, *Blue-Book*, n° 416.

2. Le *Foreign office* à l'*Amirauté*, 21 décembre. *Blue Book*, n° 437.

3. *The break-up of China*, p. 110.

4. *Blue-Book*, n° 416. Cf. n°ˢ 370, 384, etc.

ce que le gouvernement britannique voudrait nous dénier, c'est le droit même de garder notre concession autonome !

Il est triste d'avoir à insister sur cette affaire de Chang-haï : elle révèle un certain affaissement de notre crédit, elle provoque des comparaisons fâcheuses entre notre prestige après Shimonosaki et aujourd'hui. L'enchaînement naturel des événements a sans doute contribué à ce recul de notre autorité, mais il faut bien dire aussi que les hommes y ont leur part de responsabilité. Le manque de continuité dans la direction supérieure, les changements trop fréquents du titulaire du poste si difficile de ministre à Pékin, ont contribué à cette diminution passagère de notre influence dans le Céleste Empire. Habiles à exploiter toute fausse manœuvre, nos rivaux surent nous dépeindre aux yeux des Chinois comme les pires des agresseurs, des violateurs de cimetières. Très adroitement, ils surent renverser les rôles : affectant le plus grand zèle pour les intérêts du Fils du Ciel, ils excitèrent les autorités contre nous, protecteurs traditionnels de l'Empire. — Mais il faut bien voir aussi qu'aujourd'hui moins que jamais, quand le partage du monde s'achève et que sur tous les rivages du globe les mêmes rivalités sont en présence, il n'existe, dans le domaine de la politique extérieure, de questions isolées. Affaires de Chine, affaires d'Afrique, affaires d'Europe ne sont pas dans la réalité classées et séparées comme dans les cartons verts d'un bureau ministériel; elles ont les unes sur les autres des réactions fatales. Partout dans le monde il y a eu, après l'évacuation de Fachoda, un fléchissement de notre prestige. La concordance des dates suffit à établir une corrélation évidente entre les événements qui ont mis en cause notre influence sur les bords du Nil, à Mascate, et sur les rives du Fleuve Bleu. Le Tsong-li-Yamen connut, sans doute par des avis habilement exagérés, les affaires du Soudan : le Chinois, respectueux de la force et tremblant devant les puissants, s'enhardit très vite avec les faibles; le mauvais vouloir du gouvernement du Fils du Ciel dans l'affaire de Chang-hai n'a peut-être pas d'autre origine [1].

1. Ces pages étaient sous presse quand deux officiers de marine français ont été assassinés par les Chinois près de Kouang-tchéou-ouan ; en même temps des difficultés nouvelles surgissaient pour la délimitation de notre nouvelle possession. Ces faits confirment tristement ce que nous affirmons ici : c'est dans la faiblesse de notre politique en Chine qu'il en faut chercher l'origine et la vraie cause. Déjà, après le voyage de M. Doumer à Yun-nan-fou, des troubles graves éclatèrent à Mong-tse : les réguliers chinois attaquèrent notre consulat. Ces déplorables événements n'ont amené jusqu'à présent qu'une insuffisante répression : l'anarchie intérieure où nous nous débattons a, là comme ailleurs, paralysé les efforts et rendu stérile l'énergie de nos représentants et de nos nationaux. On annonce que des négociations sont engagées pour obtenir les

Si l'on a pu croire à Pékin à une éclipse partielle de la puissance française, le remède est de prouver notre force; c'est la tâche qui s'impose à notre politique. Nous avons fait en Extrême-Orient assez de sacrifices d'hommes et d'argent pour y prétendre à l'un des premiers rôles, car les droits et les intérêts des peuples ne se mesurent pas seulement au nombre de tonnes de marchandises qu'ils importent ou exportent, mais à la somme de prestige et d'autorité qu'ils ont su acquérir. Toute notre histoire en Extrême-Orient, tout le passé de nos relations avec la Chine, tout ce qui forme dans ces lointains parages notre patrimoine moral est pour nous un titre aussi sérieux et peut-être plus durable à l'exercice d'une légitime influence que la statistique des douanes et le nombre des navires de commerce.

II

Notre tradition politique, militaire, religieuse

satisfactions auxquelles nous avons droit. Souhaitons que notre Gouvernement sache imiter l'exemple de fermeté que les Allemands nous ont donné à Kiao-tchéou. Ne nous contentons pas de réclamer quelques excuses, quelques têtes ou quelques indemnités : sans pour cela nous lancer dans les conquêtes, sachons au besoin saisir un gage territorial, exiger une concession de voies ferrées ou de mines, en tous cas parler haut et agir vite.

et nos intérêts économiques, nous imposent le devoir d'exercer à Pékin, sur la vie générale de l'Empire, l'influence convenable à notre situation de grande puissance. Mais, d'autre part, la France a assumé la tâche de gouverner, aux portes de la Chine, une colonie qui est en même temps un vaste empire : de là résulte pour nous la nécessité d'une double action politique et économique, dont les deux termes, s'ils se sont parfois contrariés au temps de la conquête, se doivent aujourd'hui compléter et entr'aider ; notre politique provinciale au sud n'est pas en contradiction avec notre politique générale à Pékin : l'une doit être comme l'application de l'autre.

Le Tonkin a une valeur propre, qu'il doit à son sol, à son sous-sol, à l'industrie de ses habitants ; et il a une valeur relative, qu'il tient de sa situation géographique et de ses rapports avec les pays voisins. Déjà, quand les premiers pionniers de la domination française, Doudard de Lagrée, Francis Garnier, Dupuis, s'enfoncèrent vers les contrées presque inconnues du Yun-nan, ils cherchaient une route de pénétration vers le Céleste Empire : c'est plus encore comme une sorte d'antichambre de la Chine méridionale que pour ses richesses propres qu'ils préconisèrent l'occupation du Delta et de la vallée du Fleuve Rouge. Pendant la longue période de conquête et de pacification, des nécessités de défense militaire nous obligèrent à traiter l'empire chinois en ennemi; des Célestes par centaines filtraient à travers nos frontières mal définies et entravaient tout essai de colonisation. Aujourd'hui, la situation a changé : tandis que nos officiers, les Gallieni et les Pennequin, purgeaient le pays des bandes de pirates et fermaient toutes les issues par où elles pouvaient s'introduire au Tonkin, notre diplomatie, mettant à profit les services rendus en 1895, réglait la délimitation des frontières et obtenait du gouvernement chinois qu'il contribuât lui-même à empêcher les bandes de malfaiteurs armés de se recruter et de se réfugier sur son territoire [1]. La pacification achevée, l'essor économique a commencé. C'est désormais dans un nouvel esprit qu'il convient d'envisager la question des rapports entre notre colonie et la Chine. Elle n'est plus une ennemie, elle est une voisine riche et commerçante. En cherchant à déterminer quelle doit être la règle de nos relations avec elle, ce n'est plus des souvenirs de la période de combat qu'il nous faut inspirer : il suffit d'étudier, sans parti pris et sans dogmatisme, les conditions actuelles de la vie et du développement

---

1. M. Gérard à M. Hanotaux, 13 mai 1896. *Livre jaune*, nᵒ 26.

économique de l'Indo-Chine et d'appliquer la politique qui paraîtra le mieux adaptée à la réalité
complexe des choses.

Une colonie comme le Tonkin a, pour ainsi
dire, une double vie. Elle est en relation avec la
mère patrie qui l'a conquise, qui l'administre, et
qui, en échange de ses sacrifices et de ses dépenses, a le droit de se réserver certaines prérogatives. Les possessions lointaines d'une nation comme la France, qui ne vit pas exclusivement d'exportation, sont destinées avant tout à constituer
avec la métropole un tout économique capable,
autant que possible, de se suffire à lui-même. Il
apparaît donc, à ce point de vue, tout d'abord
indiqué de développer dans notre Indo-Chine la
production des denrées que la France consomme
et qu'elle est obligée de demander à l'étranger ; il
serait souhaitable, par exemple, que notre domaine d'Extrême-Orient pût nous fournir tous les
articles que nous achetons dans les ports du Céleste Empire ou des pays voisins : thé, riz, poivre,
jute, cannelle, huiles et vernis végétaux et surtout soies. Encourager avec discernement les cultures appropriées à la nature du climat et du sol et,
en même temps, aux besoins de la métropole, faciliter l'exportation des produits coloniaux en France
par des tarifs de douane bien calculés, c'est sans

doute le meilleur moyen d'augmenter les échan-ges entre notre colonie et la mère patrie et de faire de l'une le complément économique de l'autre.

Mais l'Indo-Chine n'est pas seulement une co-lonie située aux extrémités les plus lointaines du continent dont la France occupe la pointe occi-dentale ; elle a aussi sa place dans le monde de l'Extrême-Orient. L'Europe n'est plus le centre unique de l'activité civilisée, de l'industrie et du commerce ; il se produit par toute la terre, grâce à la diffusion universelle de nos instruments et de nos procédés, comme une décentralisation de la vie. Il y a une vie et une circulation extrême-orientales dont l'intensité va chaque jour croissant : l'Indo-Chine est appelée à prendre sa part du mou-vement général d'échanges qui grandit sur les ri-vages de cette Méditerranée que Formose, comme une Sicile, sépare en deux bassins. Autour de ces mers, comme autour d'une place de marché, les grandes nations commerciales ont dressé leurs comptoirs : les Allemands sont établis aux Marian-nes et aux Carolines, les Américains aux Philip-pines, les Anglais à Bornéo et à Hong-kong ; les Russes sont installés au nord, les Japonais au centre. Notre empire asiatique occupe, sur ces ri-vages si disputés, une place enviée : il est dans la nature des choses qu'il participe au trafic de ces

lointains parages. Un pays peuplé de 20 millions
d'habitants, domaine d'une race industrieuse et
laborieuse, contigu à un immense foyer de production, entouré de colonies européennes prospè-
res et commerçantes, a des rapports économiques
nécessaires avec ses voisins. La situation et les
conditions d'existence de l'Indo-Chine sont bien
loin de ressembler, par exemple, à celles de notre
Sénégal : la Chine n'est pas un Sahara, ni même
un Soudan ; elle est au contraire une source incomparable de richesses naturelles et beaucoup de
produits de notre colonie y pourraient trouver un
débouché proche et avantageux. Le moment semble venu, sans oublier jamais les intérêts généraux de la France, de ne plus nous replier crain-
tivement sur nous-mêmes et de faire avec la Chine
cette « soudure commerciale » dont la Mission
lyonnaise a préparé les moyens.

L'exemple du commerce du riz est topique. Le
riz est la principale richesse agricole des parties
humides de l'Indo-Chine française ; les ports du
Tonkin et surtout de la Cochinchine en exportent
chaque année des quantités considérables à destination des marchés chinois [1]. C'est une excellente

1. La Cochinchine a exporté, de 1888 à 1895, une quantité
moyenne annuelle de 568.000 tonnes de riz, valant de 57 à 58
millions de francs. Le Tonkin, moins bien cultivé, et surtout
obligé de suffire à une plus forte consommation locale, a exporté

culture, qu'il serait très utile de nous appliquer à développer par un bon système d'irrigations, car l'Empire du Milieu, avec son immense population et ses famines effroyables, est et sera presque indéfiniment acheteur de riz. Le sucre annamite, exporté par Tourane, trouve en Chine son débouché, malgré la concurrence grandissante des produits de Formose et des Philippines. A Hong-kong ou à Canton vont la cannelle de l'Annam, le cunao du Tonkin, les bois du haut-fleuve ; les huiles à laquer ne trouvent guère de vente qu'en Chine [1]. A Hong-kong encore, les charbons de Hon-gai et de Ké-bao ont, mélangés à la houille japonaise et transformés en briquettes, un marché avantageux [2]. Ainsi, une grande partie des pro-

pendant la même période une moyenne de 53.000 tonnes, valant environ 5 millions 1/2. Toutes ces exportations ont été dirigées vers la Chine, presque exclusivement par Canton.

1. Elles ont cependant à acquitter des droits de sortie très lourds lorsqu'elles ne sont pas dirigées vers la France ou ses colonies.

2. Au Tonkin, les bassins de Hon-gai et de Ké-bao sont seuls en exploitation. Ceux de Lao-kai et de Yen-bai, sur le haut-Fleuve, semblent devoir fournir une houille plus grasse, mais ils ne sont pas encore exploités. La *société française des charbonnages du Tonkin* tire des mines de Hon-gai une houille maigre et friable qu'il est nécessaire de mélanger à 15 pour 100 de charbon plus gras du Japon, mais qui a l'avantage de faire peu de cendres, peu de fumée et d'avoir un pouvoir calorique de 30 pour cent plus grand que la houille japonaise. L'exploitation se fait à ciel ouvert ; la production quotidienne est d'environ 300 tonnes et pourrait être portée à 1000. Une usine à briquettes a été fondée à côté de la mine. — Les charbons de Ke-bao sont du même genre que ceux de Hon-gai, mais moins purs. On en fait surtout des boulets en les mélangeant à 20 ou 25 pour 100

duits de notre colonie asiatique sont assurés, en Chine, d'un débouché que les ports trop lointains de France ne sauraient leur offrir. De même à l'importation : il faut distinguer entre les catégories de marchandises. Malgré les tarifs protecteurs, les filés de coton venus de France peuvent difficilement lutter avec les articles indiens, tandis qu'au contraire, pour les tissus, cotonnades et toiles de lin ou de chanvre, les envois de France sont en progrès[1]. Les soies du Tonkin sembleraient devoir trouver dans notre région lyonnaise un excellent débouché : elles n'y arrivent qu'en quantités insignifiantes [2], malgré un droit de 100 francs par 100 kilos sur les soies grèges exportées ailleurs qu'en France ou dans nos colonies ; et,

de japonais. Le prix de revient du Ké-bao est plus élevé, il est amené à la mer, à port Wallut, par un petit chemin de fer de 12 kilomètres. Le rendement est peu considérable à cause de l'allure tourmentée des couches (240 tonnes par jour). A Hon-gai, la production de 1896 a été de 103.516 tonnes, celle de 1897 de 127.713. La production de Ké-bao a été en 1896 de 72.000 tonnes. L'exportation totale du Tonkin en 1896 a été de 11.7000 tonnes.

1. Ces produits sont protégés, et rien n'est plus légitime, puisque la métropole peut les fournir à la colonie. On n'en saurait dire autant du pétrole que frappent des droits d'entrée considérables. Sumatra et Java pourraient en fournir abondamment à nos sujets d'Extrême-Orient. En n'exagérant pas les tarifs, nous aurions le double avantage d'augmenter la consommation, et par conséquent le rendement de nos douanes, et de ne pas obliger les tonkinois à s'éclairer avec l'huile d'arachide ou de colza.

2. 20.000 fr. de soies grèges ; 100.000 fr. de bourres de soie en 1896. La plus grande partie des soies grèges sortent du Tonkin pour aller à Canton par Hong-kong.

si l'on en croit les conclusions de la Mission lyonnaise, ce système aurait pour effet de diminuer très sensiblement les exportations du Tonkin vers Canton, sans réussir à augmenter les envois vers la France.

Mais tout, en ces matières délicates, est une question de mesure et d'espèces particulières; les règles d'application pratique varient avec les conditions géographiques, politiques, économiques. Il reste acquis cependant qu'une partie du commerce tonkinois et cochinchinois ne peut se faire qu'avec la Chine. Que l'on cherche à développer autant que possible les échanges entre nos possessions d'Extrême-Orient et la métropole par une combinaison bien appropriée de tarifs de douane, rien de mieux; mais il faut en même temps permettre à notre colonie de profiter du contact de l'immense marché qui est à ses portes.

Ce même esprit de prudence et d'opportunité devrait régler nos rapports avec les Célestes qui vivent ou trafiquent dans nos possessions. Le Chinois est, pour le moment, indispensable à l'activité commerciale en Extrême-Orient; il est l'intermédiaire presque obligé des transactions. Mais il faut prendre des précautions contre lui; s'il rend des services comme courtier, il serait fâcheux qu'il devînt le maître, qu'il eût le monopole de certains commerces. Aujourd'hui, tout ou presque tout le trafic du riz, de la soie, de la cannelle, du sucre est aux mains de Célestes qui en recueillent le profit. Le gouvernement colonial bénéficie des droits de douane à la sortie, mais c'est tout l'avantage qu'en retirent nos compatriotes. Le Chinois est envahissant : si on le laisse faire, il finira par tout accaparer [1]. Il y a là un véritable danger, contre lequel il est nécessaire de nous prémunir.

Le commerce de l'Indo-Chine avec l'Empire du Milieu est encore peu considérable [2], mais il ne saurait manquer d'atteindre rapidement à une haute prospérité, si nous savons faire du Tonkin, de la Cochinchine, du Cambodge, de l'Annam, des pays de production intense, capables de fournir à la mère patrie les produits d'Extrême-Orient et surtout d'alimenter les marchés chinois [3]. La

1. Une usine d'égrenage de coton montée au Cambodge par des Français (maison H. Blum et Cie) a été récemment achetée par un syndicat chinois.

2. La moyenne du commerce de l'Indo-Chine avec la Chine a été, pendant la période 1891-95, de 60 millions de francs en moyenne et le chiffre s'est élevé, en 1895, à 86 millions, dont 40 millions pour le riz de la Cochinchine. (Louis Raveneau : *la Chine économique*, dans les *Annales de Géographie*, 15 janvier 1899, p. 73).

3. L'un de nos premiers soucis, pour développer notre commerce en Extrême-Orient, devrait être d'encourager l'industrie des transports maritimes pour que nous ne dépendions plus des compagnies anglaises, allemandes ou japonaises. Il est indispensable que

réalisation de cette prospérité économique est soumise à des conditions extérieures à la colonie elle-même : elle suppose l'adoption et l'application d'une politique commerciale mûrement étudiée, soucieuse de s'adapter à la réalité complexe des faits, nettement déterminée dans sa ligne, mais consciente de la variété des cas particuliers, souple, pour ainsi dire « opportuniste », et surtout pratiquée avec cette continuité et cette persévérance sans lesquelles il n'est de succès ni dans la bataille politique, ni dans la concurrence économique.

III

Le Tonkin est, par sa position géographique, le débouché naturel de toute une région du Céleste Empire : la voie du Fleuve Rouge, qui trace une ligne presque droite depuis le Yun-nan jusqu'à la mer, est la route la plus courte entre les hauts plateaux du sud-ouest chinois et les ports de la côte. Trois provinces sont les voisines immédiates

Saïgon et Hai-phong puissent être en relations directes avec les ports chinois, sans passer par l'intermédiaire de l'entrepôt britannique de Hong-kong où viennent confluer presque toutes les denrées destinées à la Chine méridionale.

de nos possessions : le Kouang-toung, le Kouang-si et le Yun-nan [1].

La géographie et la politique, en nous faisant les voisins de la Chine par le sud, ne nous ont point favorisés. Du côté où il confine aux possessions françaises, l'empire chinois se hérisse d'un réseau enchevêtré de montagnes qui servent de support à de hautes plaines peu fertiles et peu habitées [2]. La prodigieuse masse des plateaux du Thibet, qui élèvent leurs immenses solitudes glacées à la hauteur du Mont-Blanc et qui poussent leurs arêtes au delà de 8000 mètres, semble, en se prolongeant vers l'Est, se désarticuler ; elle se creuse de sillons étroits et profonds, de longues cassures qui disloquent l'amas colossal et où coulent, proches les uns des autres par leurs sources, tous ces grands fleuves de l'Indo-Chine et de la Chine dont les embouchures s'espacent sur des

1. Sur toutes les questions économiques concernant la Chine méridionale et ses relations avec le Tonkin, on consultera les très remarquables publications de la Mission lyonnaise (*La Mission lyonnaise d'exploration commerciale en Chine*, 1895-1897, avec cartes, plans et gravures. Lyon, A. Rey et Cie, 1898, in-4. — *Rapport général sur l'origine, les travaux et les conclusions de la Mission lyonnaise* présenté par M. H. Brenier, directeur de la Mission, Lyon, A. Rey et Cie, in-4°). — Sur les conditions géographiques de la vie économique de la Chine, voyez un excellent article de M. J. Machat : *les Bases scientifiques de la question chinoise* dans la *Revue générale des sciences*, 15 juillet 1898.

2. Pour la géographie de la Chine, l'ouvrage classique reste toujours la *China* du baron de Richthofen.

milliers de lieues de côtes, depuis les deltas de l'Iraouaddy et de la Salouen jusqu'à l'estuaire du Hoang-ho. Sur tout l'orient du Thibet, sur tout le sud de la Chine, les rameaux détachés de l'énorme plateau, comme d'une main aux multiples doigts, s'épanouissent en éventail, tantôt rampant jusqu'à la mer en chaînes allongées et minces, tantôt s'élargissant en plateaux comme celui du Yun-nan, ou encadrant des plaines merveilleusement riches et fertiles comme celles de Se-tchouen. C'est au pied méridional de ce formidable empâtement de montagnes que le Fleuve Rouge étale son delta; mais, tandis que le plateau se termine sur le Yang-tse et sur les vallées de la Birmanie par des falaises à pic, il tourne ses pentes les plus accessibles du côté du Fleuve Rouge. Interposé comme un gigantesque tampon entre notre domaine et la riche vallée du Yang-tse, le Yun-nan est la forteresse naturelle où s'est arrêtée la domination des Célestes. Qui est maître de cette citadelle commande toute la Chine méridionale, la haute vallée du Yang-tse et le cours supérieur de tous les grands fleuves qui descendent au sud ou à l'est vers l'Indo-Chine ou vers la Chine; de là l'importance capitale du Yun-nan au point de vue du commerce comme au point de vue politique ou militaire; s'il tombait entre les mains d'une puissance européenne, toute sécurité disparaîtrait pour le Tonkin : sa respiration serait coupée.

Le Kouang-toung s'étend le long de la mer en une longue bande côtière. Tout l'orient, arrosé par le bas Si-kiang, a son centre vital à Canton et dans la ville anglaise de Hong-kong [1] ; la partie occidentale seule est voisine de nos possessions et entretient avec elles des relations suivies par le port très fréquenté de Pakhoï. Séparé de la mer par le Kouang-toung, le Kouang-si est une province montagneuse, pauvre, mal peuplée [2]. La branche supérieure du Si-kiang arrose quelques cantons moins hérissés de hauteurs, mieux cultivés, qui sont dans la zone économique de Canton et qui y envoient, par Ou-tcheou, leurs marchandises [3]. La vallée du Yeou-kiang, parallèle à la frontière du Tonkin, est étroite, inculte, coupée de massifs montagneux, parsemée çà et là de rares bourgades peu commerçantes, dont la popu-

1. Sur Hong-kong et son activité commerciale, on pourra lire quelques pages charmantes dans *En escale*, par M. André Bellessort. (Perrin.)

2. 7 millions d'habitants environ.

3. Ces parties plus riches sont surtout situées autour de Yolin, de Léou-tchéou, de Koui-lin, c'est-à-dire à l'est de la province. La douane de Ou-tcheou accuse un transit de 12 millions de piculs de riz (720 000 tonnes). M. Brenier, directeur de la Mission lyonnaise, qui a passé par Ou-tcheou, ne croit pas à l'exactitude de ce chiffre énorme et constate que la douane n'exerce aucun contrôle sérieux.

lation vit, sans besoins et sans activité, sur un sol sec et ingrat. Nan-ning-fou, avec ses 60.000 habitants et son commerce annuel d'environ 16 millions de francs, est le plus grand centre de la région; c'est un relais important sur la route commerciale de Pakhoï au Yun-nan. Une partie des marchandises, descendant des hauts plateaux, suivent en effet le cours du Yeou-kiang par Pé-sé et Nan-ning, jusqu'à ce qu'elles aient atteint le méridien de Pakhoï[1]; là, les jonques débarquent leur chargement qui, en dix ou douze jours, est transporté par terre jusqu'au port. Pakhoï est donc, dans la région voisine du Tonkin, le point de concentration des importations et des exportations, la tête de ligne de la route chinoise du Yun-nan[2].

1. Sur 500 jonques qui, d'après M. Brenier, passent annuellement à Pé-sé, deux dixièmes seulement descendent le fleuve jusqu'à Canton. Canton est surtout le point d'arrivée des marchandises qui descendent la rivière de l'Ouest.

2. Le trafic de Pakhoï, évalué de 15 à 17 millions de francs, est en voie continuelle d'accroissement. Pakhoï est le centre de rayonnement commercial d'où dépendent, outre une partie du Kouang-si et une bande étroite du Kouang-toung, la région orientale du Yun-nan et un riche canton du Koui-tcheou, autour de Gan-chouen et de Houang-tsao-pa. — Les importations sont doubles des exportations.

IMPORTATIONS	EXPORTATIONS
(moyenne des années 1890 à 1896)	(moyenne des années 1895-1896)
Filés de coton 5 millions kgr.	Indigo....... 3 000 tonnes
Cotonnades... 1 — 1/2 de pièces.	Peaux........ 1 370 —
	Badiane...... 360 000 kgr.
Pétrole (de Sumatra) 6.400.000 litres.	Huile de badiane. 90 000 —
Allumettes.	Sucre, arachides, papier, cuir, suif, camphre.

Le Yun-nan n'est pas l'Eldorado que parfois l'on se figure; mais il renferme des richesses naturelles, agricoles et minières, qui, exploitées et développées, fourniraient les éléments d'un trafic considérable. Son climat, peu agréable à cause de la violence des vents, est tempéré et sain[1]; sa situation géographique à la rencontre des routes d'expansion française et anglaise fait de la « question du Yun-nan » l'une des plus graves de la politique asiatique. La province compte environ une dizaine de millions d'habitants; mais la population est toute concentrée dans quelques vallées fertiles et bien arrosées. Le sol, dans ces cantons privilégiés, donne deux récoltes par an : l'une de fèves, de blé et surtout d'opium, que l'on appelle « le petit printemps »; la seconde ne fournit que du riz, c'est le « grand printemps ». Les musulmans ont introduit sur les plateaux l'élevage du bétail; mais c'est dans les mines surtout qu'est l'espoir économique du Yun-nan. Les dernières explorations, notamment celles de la Mis-

Mouvement du port de Pakhoï
  1896..... 140 000 tonnes.
  1897..... 112 000 —
Voyez. *la Mission Lyonnaise*, 2e partie, page 195.

1. Le Yun-nan est un plateau d'une altitude moyenne considérable. Yun-nan-fou est à 2000 m., Mong-tse à 1375 m. La population du Yun-nan, d'après les rapports de la Mission lyonnaise, serait de 7 à 8 millions d'habitants, soit une densité moyenne de 21 habitants par kilomètre carré.

sion lyonnaise, ont constaté, dans le sous-sol, la présence de grands amas de plomb argentifère et de cuivre, de gisements de fer, d'étain, de zinc, de mercure, de sel ; enfin, presque partout on a signalé des couches de houille. Étudiées et mises en exploitation par des compagnies dirigées par des Européens, ces mines pourraient fournir à l'exportation, par les voies terrestres ou fluviales, un chiffre considérable de tonnes de métal [1].

On trouve donc au Yun-nan les promesses d'un brillant essor économique ; mais tout le commerce de la province ne se dirige pas vers le golfe du Tonkin, soit par la voie du Fleuve Rouge, soit par la branche occidentale du Si-kiang : la région du nord-est, au point de vue commercial, est une dépendance du Se-tchouen. Au sud-ouest, dans la région montueuse qui sépare le Mékong· des vallées birmanes, une bonne partie du trafic se dirige vers Bahmô et le bassin de l'Iraouaddy [2];

1. Beaucoup de mines exploitées avant la grande révolte des Taï-pings sont aujourd'hui abandonnées. Au moment du passage de la Mission lyonnaise, 51 mines étaient exploitées et fournissaient annuellement 1110 tonnes de cuivre, 2598 tonnes de plomb et 2430 tonnes de zinc. Actuellement, les principaux articles d'exportation du Yun-nan vers les provinces voisines sont des produits agricoles, et surtout de l'opium (pour une valeur de 10 à 11 millions de taels par an).La statistique des douanes accuse en outre l'exportation des thés dits de Pou-eur], du musc, de drogues médicinales, de peaux et d'un peu de soie.

2. Le commerce entre la Chine et la Birmanie a été en 1896-97 **de 3 969 336 roupies (la roupie vaut de 1 fr. 50 à 1 fr. 75). Le**

enfin, quelques caravanes circulent entre Se-mao
et Xieng-mai, à travers les États Chans [1]. Mais,
pour tout le centre et l'est de la province, la ville
de Mong-tse est le grand marché distributeur où
arrivent les marchandises importées et où se
concentrent celles qui sont destinées à l'exportation. Notre diplomatie en a obtenu l'ouverture et
un consul français y réside [2].

Le trafic du Yun-nan et des régions qui avoisinent nos possessions avec le golfe du Tonkin se
fait, en résumé, par deux grandes voies : celle du
Yeou-kiang (branche occidentale du Si-kiang) et
celle du Fleuve Rouge [3]. Attirer ce commerce
vers nos ports a été le but de notre politique ;
c'est en demandant des concessions de chemins
de fer qu'elle a cherché à l'atteindre. Déjà, dans
le traité de paix du 9 juin 1885, apparaissait le

principal centre d'échanges est le « port ouvert » de Chunning-fou.

1. Mme Isabelle Massieu, l'intrépide voyageuse française, dans
sa traversée des états Chans, a vu à Bahmô se former une cara
vane de 400 à 500 mulets à destination du Yun-nan. Voyez : *Une
colonie anglaise : la Birmanie et les états Chans,* dans la *Revue
des Deux-Mondes* du 15 septembre 1899.

2. Mong-tse a 10.000 habitants.

3. Voir *Rapports commerciaux de la mission lyonnaise,* p. 200.
M. Brenier estime le « courant nord-ouest » (Pé-se, Nan-ning.
Pakhoï) à 12 millions de francs, celui de Mong-tse à plus de 12
millions. Il faudrait, selon lui, y joindre un trafic de 6 millions que
les « avantages naturels » de la voie du Fleuve Rouge devraient
enlever à la Birmanie, et l'on aurait, comme total du commerce
que nous pourrions attirer au Tonkin, un chiffre de 30 millions de
francs, susceptible d'ailleurs de s'accroître.

souci de la pénétration dans la Chine du sud-ouest ; et lorsque, après l'intervention de 1895, la France entama à Pékin des négociations en vue d'obtenir des garanties de sécurité pour les frontières du Tonkin et des facilités nouvelles pour le commerce, il fut entendu que « les voies ferrées, soit déjà existantes, soit projetées, en Annam, pourraient, après entente commune, et dans des conditions à définir, être prolongées sur le territoire chinois[1] ». C'est en vertu de ce traité que la Compagnie de Fives-Lille demanda l'autorisation de continuer, sur 70 kilomètres, jusqu'à Long-tchéou, la ligne tonkinoise de Phulang-thuong à Langson. Après de longues négociations dilatoires, d'autant plus difficiles qu'il fallait établir une jurisprudence, la Compagnie obtint enfin, le 5 juin 1896, la signature d'une « concession de construction et d'exploitation à forfait, au compte et au risque de la Chine, pendant une durée de trente-six ans, pouvant elle-même être prolongée ou renouvelée ». Le premier pas, le plus difficile, surtout en Chine, était fait.

---

1. Paragraphe 2 de l'article 5 de la convocation complémentaire du 20 juin 1895. L'historique de cette question des chemins de fer, jusqu'à la concession de la ligne de Long-tchéou, est résumé d'une façon saisissante dans une lettre de M. Gérard à M. Hanotaux (9 juin 1896). *Livre jaune*, n° 27. Nous reproduisons cette lettre ci-dessous dans nos *Documents*.

Un an après, comme compensation à l'ouverture du Si-kiang accordée aux instances des Anglais, il fut convenu[1] qu'après l'achèvement du tronçon de Long-tchéou, si la Compagnie de Fives-Lille avait « convenablement réussi », le gouvernement chinois s'adresserait à elle pour le prolongement de la voie ferrée « dans la direction de Nan-ning et de Pé-sé ». Le même acte diplomatique stipulait que l'administration impériale exécuterait les travaux nécessaires à l'amélioration des routes fluviales et terrestres qui conduisent du Tonkin à Yun-nan-fou ; « faculté sera donnée, était-il dit encore, d'établir une voie de communication ferrée entre la frontière de l'Annam et la capitale provinciale, soit par la région de la rivière de Pé-sé, soit par la région du haut Fleuve Rouge. » Enfin, après le meurtre du père Berthollet, au Kouang-si, le gouvernement français reçut du Tsong-li-Yamen l'assurance formelle que « seule la compagnie française ou franco-chinoise pourra construire tous chemins de fer ayant Pakhoï pour point de départ[2] ». Ainsi nous disposions de toutes les principales voies de pénétration vers le Yun-nan ; nous avions, pour ainsi dire, un choix de chemins de

---

1. Convention du 12 juin 1898. *Livre jaune*, n° 5o, annexe, n° 2.
2. M. Pichon à Hanotaux. *Livre jaune*, n° 73 (28 mai 1898).

fer; l'important était de se décider pour l'un ou pour l'autre et de commencer en hâte les travaux, car les Chinois, gens pratiques, sont étonnés de toutes ces demandes qui souvent restent sans effet; lorsqu'ils auront vu achever l'une des lignes et qu'ils en auront compris l'utilité, il sera beaucoup plus facile d'obtenir d'eux des avantages nouveaux.

La ligne de Pakhoï à Nan-ning est évidemment la moins urgente. Il nous suffit pour le moment d'avoir pris, en quelque sorte, une assurance contre l'immixtion possible d'une puissance étrangère dans le golfe du Tonkin, et d'être sûrs que, si une voie ferrée doit partir de Pakhoï, elle sera française ou franco-chinoise. — Au contraire, la Compagnie de Fives-Lille pousse les travaux de la ligne de Lang-son à la frontière et à Long-tchéou; mais il a fallu d'abord refaire l'ancienne voie; elle n'avait que o ^{m},6o de largeur, on lui donna 1 mètre ; si, dans un avenir que l'on peut entrevoir, nos chemins de fer annamites se relient aux grands réseaux chinois, il faudra, par une troisième transformation, adopter l'écartement normal. C'est ainsi que nous entendons les économies ! — Long-tchéou n'est qu'une bourgade de 5.ooo habitants, dont le trafic insignifiant ne saurait assurer à notre chemin de fer un fret suffisant; c'est jusqu'à Nan-ning qu'il faut nous hâter de pousser la ligne nouvelle. Là seulement, il sera possible d'opérer, au profit de nos ports tonkinois, une dérivation du courant commercial qui suit le Yéou-kiang [1]. Mais autant il est nécessaire d'atteindre perpendiculairement la route commerciale du Yun-nan à Pakhoï, autant il serait imprudent de la doubler parallèlement d'un chemin de fer entre Nan-ning et Pé-sé ; nous risquerions de faciliter ainsi, au profit de Pakhoï, une concurrence dangereuse à la route plus directe du Fleuve Rouge [2]. Cette dernière voie est en effet, pour l'avenir du Tonkin, la plus avantageuse. La rivière elle-même paraît à peu près inutilisable pour la grande navigation, à cause des rapides qui l'obstruent ; ses eaux seront sans doute plus précieuses pour l'irrigation que comme « chemin qui marche » ; mais c'est en remontant la vallée du Fleuve Rouge que le gouvernement de l'Indo-Chine a entrepris de conduire une ligne ferrée jusqu'au cœur du Yun-nan. Le projet, entrevu par les Doudard de Lagrée et les Dupuis,

1. La Mission lyonnaise estime à 5 millions de francs le chiffre d'affaires que le nouveau chemin de fer permettrait d'attirer vers nos possessions (II. p. 200).

2. A lord Salisbury, qui lui demandait son avis sur la concession éventuelle à la France d'un chemin de fer de Pakhoï à Nan-ning, sir Claude Mac-Donald répondait, le 20 mai 1898 : « Il ne gênerait pas les intérêts anglais, mais au contraire les favoriserait. » (*Blue Book*, n° 122.)

est, on le sait, en voie de réalisation. Une loi votée par le parlement français, sur les instances de M. Doumer, a autorisé l'Indo-Chine à contracter un emprunt de 200 millions pour l'exécution de tout un programme de voies ferrées dans la colonie. Le succès de la première émission, l'activité que l'on déploie, le récent voyage du gouverneur général à Yun-nan-fou, sont de bon augure pour la réussite prochaine de nos projets de pénétration. La voie future s'élèvera sur les plateaux par la vallée d'un petit affluent de gauche du Fleuve Rouge, passera un peu au nord de Mong-tse et atteindra enfin Yun-nan-fou.

C'est un fait d'expérience courante que le trafic d'une voie ferrée est toujours supérieur au trafic des routes qui, avant la création de la ligne nouvelle, en tenaient lieu. Pareille fortune arrivera sans doute à nos lignes du Tonkin. Les provinces qui avoisinent nos domaines ne sont ni les plus fertiles, ni les plus commerçantes du Céleste Empire : elles ne sont pas susceptibles, comme la vallée du Yang-tse, d'un développement économique presque indéfini; mais il ne faut pas oublier qu'il y a moins de trente ans, lors de la grande révolte du sud-ouest, il a péri, par la guerre ou les massacres, 12 à 15 millions d'hommes, dans les seules provinces du Yun-nan, du Kouang-si et du Koui-tchéou. Tout a été ravagé, les mûriers ont été coupés, les villes démantelées. La repopulation et la reconstruction se font peu à peu : déjà le Yun-nan est beaucoup plus riche et plus prospère qu'au temps où M. Rocher le décrivait [1] ; après l'horrible saignée, la Chine du sud-ouest renaît.

L'ouverture de voies de communication nouvelles hâtera certainement le renouveau économique de ces malheureuses provinces ; des besoins, jusqu'ici inconnus, naîtront de la possibilité même de les satisfaire. Les indigènes de la région travaillaient seulement assez pour subvenir aux nécessités de chaque jour et leur naturel désir de gain n'osait pas se risquer à un trafic lointain, dont le mandarin eût recueilli tout le profit. Les capitaux étrangers, engagés dans des entreprises dirigées par des Européens et exécutées par des Célestes, viendront transformer cette contrée, développer ses ressources cachées et ses énergies latentes. La disposition topographique du pays nous garantit que le Tonkin profitera de cet essor commercial de l'avenir ; les rapports intimes entre le Yun-nan et la basse vallée du Fleuve Rouge sont dans la

---

1.Em. Rocher. *La Province chinoise du Yun-nan.* Paris, 1872, 2 vol. in-8° carte.

Des émigrants du Se-tchouen viennent s'installer au Yun-nan, où arrivent d'autre part les commerçants cantonais.

nature des choses : nul doute qu'ils deviennent de plus en plus fréquents, si nous combinons notre système de droits de douane de manière que la voie directe ne soit pas plus coûteuse que la route par Pé-sé et Nan-ning, plus longue et soumise aux *likins*.

En même temps que les rails s'élèveront sur les hauts plateaux, il sera nécessaire d'organiser l'exploitation des mines ; les houillères donneront au chemin de fer le combustible, et les gisements métalliques lui fourniront le chargement de ses wagons. Il appartient aux Français de rendre à l'exploitation les gisements abandonnés et d'ouvrir les autres : les traités nous en concèdent le droit. La déclaration du 12 juin 1897, confirmant et précisant la convention du 20 juin 1895, stipule que, « dans les trois provinces du Kouang-toung, du Kouang-si et du Yun-nan, le gouvernement fera appel, pour les mines à exploiter, à l'aide d'ingénieurs et d'industriels français ». Si les traités suffisent à créer un droit, le nôtre est indiscutable [1] ; mais, en Chine surtout, les conventions ne

---

1. Il est cependant discuté. Un membre de la chambre des communes demandait, le 3 mai 1899, à M. Brodrick s'il avait reçu les assurances écrites, demandées le 25 avril 1898, que le gouvernement chinois n'avait accordé à la France aucun privilège exclusif, relativement à des chemins de fer ou à l'exploitation des mines au Yun-nan et au Kouang-toung ; le secrétaire d'état répondit en substance que le ministre de la Grande-Bretagne à Pékin avait dé-

valent guère que par l'usage que l'on en sait faire : le Tsong-li-Yamen, impuissant à résister, finit toujours par accéder à toutes les demandes, mais compte sur les circonstances pour ne pas exécuter ses promesses ; volontiers même, il accorde la même chose à deux puissances différentes, trouvant son avantage à susciter des jalousies dont il sait très habilement profiter.

Qu'il s'agisse de mines ou de chemins de fer, le plus sage est de ne pas nous endormir sur la foi des textes et des signatures. Pour que nos droits ne puissent être contestés ni par les Chinois, ni par nos rivaux européens, il est nécessaire d'abord de les exercer : en Chine, c'est la politique des résultats qu'il faut résolument adopter. Les Allemands, dans le Chan-toung, en ont donné un exemple saisissant ; ils n'ont toléré aucune concurrence étrangère pour les voies ferrées ou les mines ; mais ils ont l'énergie de se mettre eux-mêmes à l'œuvre sans retard et de prouver par l'effet la validité de leurs droits. Ainsi devons-nous faire : nous avons besoin d'une politique

claré que le Tsong-li-Yamen s'était engagé à donner ces assurances. Sous forme d'ajournement indéfini, la diplomatie chinoise cachait évidemment un refus. Mais M. Brodrick, faisant état de cette promesse plus que vague, déclara qu'il la considérait comme engageant le gouvernement chinois. Contre cette étrange interprétation, qui fait bon marché d'un droit qui nous a été formellement reconnu, le gouvernement français n'a pas protesté.

ferme, qui garde avec vigilance les positions acquises et en conquière de nouvelles ; mais nous manquons surtout d'hommes énergiques et de capitaux audacieux pour mettre tout de suite à profit les avantages obtenus par nos diplomates ou les terres conquises par nos soldats. Sachons donc défendre nos droits, mais sachons aussi en user. A ce prix est la prospérité et l'avenir de **notre empire asiatique.**

IV

Mais la vraie Chine, avec ses millions d'habitants et ses immenses ressources naturelles, ce n'est ni dans les plateaux du Yun-nan, ni dans les enchevêtrements montagneux du Kouang-si qu'il la faut chercher: ce sont les bastions du Céleste Empire, mais le foyer intense de la vie n'est pas là. Le centre d'attraction du commerce et de la population, le point de convergence des grandes routes naturelles, c'est la vallée du Yang-tse. Pour participer à l'essor économique de l'empire, il faut atteindre l'artère qui lui porte la vie et la fécondité, il faut parvenir au Fleuve. Là, en quelque point de son cours, est l'aboutissement nécessaire de notre pénétration ; notre réseau ferré ne saurait avoir pour point final une bourgade perdue au milieu des montagnes du sud-ouest, il faut que l'une de nos lignes, s'enfonçant à travers les plateaux et les chaînes, aille chercher l'aliment nécessaire à sa prospérité jusque sur les rives du grand fleuve où pénétrera bientôt par le nord la ligne de Pékin à Han-keou, reliée au Transsibérien, et où parviennent par l'est les bateaux anglais, allemands, japonais. Le terme naturel de nos voies tonkinoises n'est pas l'énorme agglomération de villes et d'hommes qui se presse autour de Han-keou ; ce centre incomparable d'activité économique est trop loin de nos frontières et nous y serions devancés : c'est vers le Se-tchouen qu'il faut tourner nos efforts.

Le Se-tchouen est comme le vestibule de la Chine en avant du Thibet ; blotti au pied de l'énorme entassement des plateaux, il a une bonne partie de son territoire couverte des rameaux détachés de la masse ; mais plusieurs affluents du Fleuve Bleu ont fertilisé de leur limon de belles plaines, parsemées de collines. Rien ne manque à la richesse naturelle de ces cantons favorisés qui entourent Tchoung-king et Tchen-tou. Le sous-sol abonde en charbon, en fer, en sel [1] ; la terre,

1. Ta-tsien-lou est la ville du sel. Ses puits fournissent plus de

d'une fécondité merveilleuse, produit le riz, l'opium, le coton, le thé, le tabac, l'indigo, le chanvre ; l'arbre à laque et le mûrier poussent partout [1] ; du Thibet arrivent par caravanes le musc, les peaux, les laines. Tant d'avantages naturels ont fait du Se-tchouen l'une des provinces les plus peuplées de l'Empire du Milieu. Près de 40 millions d'hommes se pressent sur les terroirs les plus fertiles et la densité de la population y atteint 175 habitants par kilomètre carré [2]. Cette extraordinaire agglomération semble être, dans le bassin supérieur du Yang-tse, l'équivalent de la fourmilière humaine qui, sur son cours inférieur, s'agite autour de Han-keou. Mais à ces richesses accumulées, à cette foule d'hommes entassés et pullulants, il manque une issue commode vers l'extérieur. Le Yang-tse n'est navigable, pour les jonques, qu'à partir de Soui-fou [3]; les routes de terre sont longues et à peine praticables. Le jour où le

150 millionsde kilogrammes par an. Voyez une intéressante description du pays du sel dans *la Mission lyonnaise*, 1re partie, page 222.

1. Le Se-tchouen — pour donner seulement un chiffre — produit annuellement, d'après l'estimation des spécialistes de la Mission lyonnaise, 2 400 000 kilogrammes de soie valant 25 millions de francs et pourrait en produire pour plus de 70 millions.

2 Tchoung-king a 400 000 habitants ; Tchen-tou 700 000.

3. En 1898, M. Archibald Little, consul de la Grande-Bretagne à Tchoung-king, qui a été le pionnier infatigable du commerce anglais au Se-tchouen, a pu, avec les plus grandes difficultés, faire remonter jusqu'à Tchoung-king un petit vapeur.

Se-tchouen communiquera plus facilement avec le reste du monde, son activité productrice et son besoin d'échanges grandiront dans des proportions impossibles à prévoir. L'industrie, déjà établie à Tchoung-king, prendra son essor, favorisée par l'abondance des matières premières et par le bon marché des salaires (35 à 40 centimes par jour, y compris la nourriture). Le Se-tchouen est affamé dans les années de disette de riz; il en absorberait des quantités énormes, s'il était en relations rapides avec un pays producteur. Si notre grande voie tonkinoise venait plonger par ses racines dans cette contrée fabuleusement riche, elle lui apporterait, avec les procédés et les capitaux du dehors, le riz nécessaire à sa faim, les machines et les outils indispensables à la mise en œuvre de toutes ses ressources; elle serait son plus court débouché vers la mer.

De Yun-nan-fou, un chemin de fer peut, en se tenant sur les plateaux et en passant par le grand centre de Pi-tsié, dans le Koui-tchéou, parvenir par une voie à la vérité difficile, mais enfin praticable, jusqu'à Soui-fou ou à Lou-tchéou, à l'embouchure de l'une des rivières qui descendent de la région de Tchen-tou et arrosent, à l'est et à l'ouest d'une chaîne peu large, les plus fertiles campagnes du monde. Si nous le voulons avec énergie et persévérance, et surtout si nous sommes décidés à nous mettre à l'œuvre sans retard, nous pouvons relier à notre empire d'Asie l'un des plus riches marchés de toute la Chine.

Pour nous, Français, le nœud de la question d'Extrême-Orient est sur le Yang-tse, au Setchouen. Pénétrer dans cette grasse province, c'est aussi l'ambition des Anglais; ils y convoitent pour leur industrie un débouché encore inexploré, une terre encore vierge à exploiter; surtout, peut-être, ils espèrent trouver au Setchouen le point par où, de la vallée du Yang-tse, devenue, comme une autre Égypte, une dépendance de l'empire britannique, ils rejoindront, par delà les montagnes, leurs colonies de la Birmanie et de l'Inde. Des bouches du Fleuve Bleu jusqu'à Aden et à Ceylan, l'Asie deviendrait anglaise!

Mais la nature, avant les hommes, a posé à l'encontre de cette envahissante ambition, des obstacles terribles. Par trois point, par Koun-lon sur la Salouen, par Bahmô et par Myit-Kyina sur l'Iraouaddy, les lignes anglaises de Birmanie aboutissent ou vont aboutir jusqu'au pied des montagnes; mais partout elles se heurtent à d'énormes murailles, à des chaînes de 4000 mètres, séparées par des vallées profondément encaissées, auprès desquelles paraissent médiocres les pentes que nous avons à escalader pour sortir du Tonkin. L'impossibilité de faire parvenir une voie ferrée sur les plateaux du Yun-nan, en franchissant les vallées de la Salouen et du Mékong, semble presque démontrée; mais l'intérêt de la Grande-Bretagne est si grand et si évident qu'elle n'est pas découragée par ces difficultés extraordinaires. Créer des débouchés nouveaux, c'est la loi de sa vie économique : quelles que soient les dépenses, elle peut les supporter; elles profitent, d'ailleurs, à son industrie; quelles que soient les difficultés, l'art des ingénieurs peut les vaincre. Le nouveau vice-roi des Indes, lord Curzon, dès sa nomination, prescrivait de pousser activement les travaux des chemins de fer birmans. Prenons donc garde, malgré tout, de nous laisser devancer à Yun-nan-fou.

Repoussés à l'ouest par la nature, les Anglais tentent de pénétrer dans le haut Yang-tse en remontant son cours : de tout le bassin du Fleuve ils veulent faire leur lot dans le partage des influences en Chine. Le procédé que les « impérialistes » préconisent est simple et déjà connu c'est « l'égyptianisation » : du Fleuve Bleu on veut faire un autre Nil, de Chang-hai une nouvelle Alexandrie, plus commerçante encore et plus populeuse que l'ancienne; le chemin de fer, prolongé par un service de bateaux, irait de l'extrémité du Dekkan aux rives de la mer de Chine, comme, en Afrique, il ira du Cap au Caire. Ces projets grandioses transparaissent à chaque page du livre qu'au retour de sa tournée commerciale a publié le contre-amiral lord Charles Beresford. Sans doute, il tient encore pour la « porte ouverte » : ne faut-il pas que les produits anglais pénètrent partout dans l'Empire du Milieu? mais, comme la politique de la porte ouverte a reçu quelques accrocs, comme le « cas épreuve » de Niut-chouang a déçu les prétentions britanniques et que, nous non plus, nous ne sommes pas disposés à nous plier à toutes les volontés des « jingoes », lord Charles Beresford[1], et, avec

1. Ouvrage cité, notamment au chapitre *Observations*. On trouvera des suggestions analogues dans le livre de A.-R Colquhoun. *China in transformation* (Londres et New-York, Harper, 1898, in-8°) notamment pp. 140 et 378. Il est utile de reproduire, après M. L. Raveneau (article cité) ces passages si caractéristiques :
— « La Chine est ouverte et l'Angleterre doit occuper effectivement la région du Yang-tse et le sud de la Chine si elle a sérieusement envie de garder la part qui lui revient » (p. 140).
« C'est une question vitale pour l'Angleterre de maintenir et de consolider elle-même absolument sa puissance dans le bassin du Yang-tse, ce qui n'est possible que par une occupation effective du haut bassin du Yang-tse » (p. 378).
Voyez également un article du capitaine Yunghusband dans la *Contemporary Review* d'octobre 1898. Il y est dit notamment : « Il faut que nous organisions contre la Russie une force militaire comme en Égypte et en Inde. » Et encore : « Nous pouvons étendre nos droits plus loin qu'on ne le croit en Angleterre, jusqu'au Yang-tse et au Yun-nan. » « Si la Chine ne peut pas se garder avec nous et par nous, nous devons la laisser tomber en pièces et

lui, tout le parti impérialiste, incitent le gouvernement à une occupation effective de la vallée du Yang-tse; sous prétexte d'y établir l'ordre et d'y faire la police, on insinue qu'un service de canonnières anglaises pourrait être établi sur le fleuve « comme sur le Nil », et qu'il faudrait réorganiser l'armée chinoise avec des officiers et des cadres anglais. N'est-il pas, en effet, « inutile, comme le dit lord Beresford, que la porte soit ouverte, si le désordre est dans la chambre? » Puis, comme en Égypte, on provoquera quelques troubles pour faire durer l'avantage de la répression; déjà, dans les émeutes de l'été dernier, on a remarqué, comme un symptôme nouveau et significatif, que les Chinois, en attaquant les églises catholiques, ont respecté les temples protestants du voisinage. Les négociants britanniques, les sujets de la reine, s'installeront de-ci de-là, on invoquera le devoir de les protéger, et peu à peu l'immense vallée du Yang-tse se trouvera, sans secousses, passée sous le protectorat de Sa Majesté britannique. Après l'Inde et l'Égypte, la Chine sera sous la griffe du léopard.

Déjà la presse batailleuse et les paladins de

alors, nous et d'autres, bâtirons un plus beau monument. » Et voici la conclusion que nous traduisons littéralement: « Tout homme qui a vu tout ceci reconnaîtra que l'injustice consiste non pas à prendre autorité sur les Chinois, mais à leur permettre de résister à ceux qui essayeraient de les régir ainsi. »

« l'impérialisme » protestent à grand fracas, dès que la France obtient la moindre concession de mines ou de chemins de fer; ils réclament des compensations, ils prétendent nous exclure de la vallée du Yang-tse. Pour fonder leur droit, ils font grand état des « déclarations d'inaliénabilité »; ils savent bien cependant qu'elles n'auront jamais d'autre portée que celle que les chancelleries européennes voudront bien leur prêter. Les Anglais ont obtenu du Tsong-li-Yamen une « déclaration » portant que jamais aucun territoire du bassin du Yang-tse ne serait aliéné; mais nous avons obtenu un acte analogue pour les trois provinces qui nous avoisinent, et cependant les Anglais y réclament les mêmes droits que nous; ils ont même, dans l'une d'elles, occupé Kao-loung; pour le Yun-nan et le Kouang-toung, le *Foreign office* peut exhiber, comme nous, une « déclaration ». Il est donc bien évident que ces formules diplomatiques n'ont pas d'autre portée que d'affirmer l'intégrité du Céleste Empire. M. Brodrick, qui ne paraît pas partager l'ardeur belliqueuse de lord Charles Beresford et qui l'en raillait finement à la Chambre des communes, rappelait, dans un récent discours, que la convention anglo-française du 15 janvier 1896 garantissait aux deux puissances signataires les mêmes

avantages dans les provinces du Yun-nan et du
Se-tchouen : ce qui serait accordé à l'une le
serait, par le fait même, à l'autre. Nous pouvons
donc, aussi bien que nos voisins, demander une
concession de chemins de fer au Yun-nan ou au
Se-tchouen. Ne nous laissons pas détourner de
notre but par des fantômes de « déclarations »,
car l'Angleterre n'a aucun privilège exclusif dans
la vallée du Fleuve Bleu. C'est en vain que les
« impérialistes » ont essayé de tirer de la dernière convention anglo-russe une confirmation de
leurs prétendus droits : c'est donner aux textes
un sens complaisant. Les Russes ont obtenu dans
le nord l'avantage qu'ils souhaitaient pour leurs
chemins de fer, ils ont à peu près exclu les Anglais de la Mandchourie ; en revanche, ils se sont
engagés à ne pas demander de concessions dans
le bassin du Yang-tse, où ils n'ont, en effet, aucun intérêt et où leurs marchandises sont assurées de pénétrer par la ligne franco-belge. Ni de
cette convention, ni d'aucun autre acte diplomatique, les Anglais ne sauraient arguer pour s'attribuer un droit exclusif quelconque sur une partie quelconque de la vallée du Fleuve Bleu.

Quelles que soient d'ailleurs les couleurs dont
l' « impérialisme » voudrait voiler ses convoitises,
il apparaît assez clairement que, des Indes à la

mer de Chine, nous sommes menacés de l'établissement d'un grand empire britannique. Malgré les déclarations pleines de bon sens et de modération de M. Brodrick, en réponse au « discours belliqueux » de lord Charles Beresford[1], ce danger est réel, parce que la politique de la Grande-Bretagne est envahissante par nécessité économique[2]. Mais, par la fatalité de notre destinée, ici comme en Afrique, la route de l'expansion française coupe à angle droit celle de l'expansion anglaise. Ou notre empire asiatique sera confiné dans le sud, sans issues vers les parties riches de la Chine, ou nous pénétrerons les premiers jusqu'au Se-tchouen et d'abord à Yun-nan-fou, où notre voie croise celle des Anglais. Si nous ne savons pas employer toute notre énergie à n'être pas devancés à ce carrefour stratégique et commercial où est la clé de l'arrière-pays tonkinois, nous aurons trouvé Fachoda au milieu de la Chine. Après l'empire de l'Afrique, l'empire de l'Asie sera à la Grande Bretagne. La question d'Afrique est réglée contre nous : si nous n'y prenons pas garde, il en sera bientôt de même de la question d'Extrême-Orient.

---

1. Discours du 9 juin 1899.

2. Voyez sur ce point : *l'Angleterre et la paix du monde* par*** dans *le Correspondant* du 25 avril 1899.

V

La France a, vis-à-vis de la Chine, une double tradition politique ; les événements qui en composent
la chaîne peuvent au premier abord sembler con-
tradictoires : nous avons, avec les Anglais, ouvert
la Chine au commerce et à la civilisation européenne ; nous avons seuls la charge de protéger
les catholiques sur son territoire ; en 1895, nous
avons sauvé son intégrité et nous l'avons, depuis,
respectée ; mais, en même temps, nous avons
conquis et organisé, aux portes du Céleste Empire, une grande et belle colonie, nous sommes
devenus par terre les voisins des Chinois et nous
avons dû vider avec eux quelques différends ; des
intérêts nouveaux sont venus s'ajouter à ceux que
nous avions déjà dans l'empire ; une politique provinciale s'est greffée sur notre politique générale.
Mais, en dépit de quelques apparences, la double
série de nos intérêts et de nos droits peut se concilier et nous inspirer une méthode générale d'action en Chine, qui soit à la fois avantageuse à la
France, soucieuse des droits des autres, respec-
tueuse aussi de cette personnalité historique, malgré tout imposante, qu'est l'Empire du Milieu.

C'est au nom des intérêts chinois bien compris que nous avons demandé et obtenu des concessions de mines et de chemins de fer; et c'est au nom des bonnes relations traditionnelles entre le gouvernement de la République et celui du Fils du Ciel que le Tsong-li-Yamen nous les a accordées. S'il y a là, à vrai dire, une formule diplomatique, il y a aussi une vérité. Sans parler du prestige dont nous avons toujours joui à Pékin et que le malentendu de Chang-hai n'a pas pu sérieusement entamer, sans insister de nouveau sur l'autorité morale et l'influence effective que nous assure le protectorat du catholicisme, nous avons en Chine de grands intérêts matériels, et le chiffre de nos échanges y est, par ordre d'importance, le second. Que l'amiral à qui l'Angleterre confie en Extrême-Orient des missions commerciales affirme, s'il le veut, « que la France et la Russie n'ont aucun trafic avec la Chine [1], » les statistiques suffisent à démentir ces exagérations voulues et les faits se chargent de faire comprendre aux Célestes quelle différence il faut faire entre les Français et les Russes, par exemple, dont les entreprises et les travaux sont conformes aux besoins les plus évidents de l'Empire du Milieu, et d'autre part ces

1. Discours du 9 juin aux Communes.

Anglais et ces Américains, qui parlent de fonder un immense *trust* pour l'exploitation générale de la Chine, qu'ils traitent comme un placer aurifère ou un gisement de houille.

L'intégrité de la Chine, seul moyen de prévenir l'explosion belliqueuse des convoitises rivales, a toujours été l'une des règles de notre politique en Extrême-Orient. Même après l'occupation de Kiao-tchéou et de Port-Arthur, l'expédient des cessions à bail a maintenu le principe de l'intangibilité des dix-huit provinces. Mais il ne faut pas nous dissimuler que, malgré les formules habiles et quoiqu'on ait « sauvé la face », on parle de plus en plus du partage de la Chine. Comme les Européens, une fois installés sur les côtes de l'Inde, ont été amenés peu à peu à la soumettre tout entière, de même, peut-être, les circonstances et l'incurable faiblesse du gouvernement entraîne-ront-elles, petit à petit et sous couleur d'organisation et de mise en valeur, une véritable conquête du Céleste Empire. Si cette éventualité se produit, nous savons où devront s'exercer nos revendications.

Nous voulons, nous aussi, « la porte ouverte » en Chine ; et, pour nous servir des termes mêmes qu'employait M. Brodrick caractérisant la politique anglaise, « nous ne voulons pas perdre notre énergie en luttes stériles avec d'autres puissances qui poursuivent la même grande œuvre que nous [1]. » Malheureusement, toutes les paroles des hommes d'État et des écrivains britanniques ne sont pas empreintes d'un bon sens aussi rassurant : c'est de la politique « impérialiste » que vient, en Chine comme en Afrique et dans le monde entier, le péril présent. Malgré ses prétentions et les chiffres enflés de son commerce, l'Angleterre comprend qu'elle manque en Chine d'un point d'appui territorial : de là ses efforts pour rejoindre la vallée du Yang-tse à la Birmanie, de là sa jalousie envers la Russie, qui est chez elle, et envers la France, qui s'est créé en Indo-Chine un empire. Le commerce britannique lui-même ne gardera pas la situation prépondérante qu'il a acquise en un temps où presque seul il recherchait la clientèle de l'Extrême-Orient. Les statistiques peuvent faire illusion, car elles comptent à l'actif de l'Angleterre tout le trafic de Hong-kong, qui est en réalité un dépôt international. Le commerce anglais l'emporte encore sur tous les autres ; mais la prodigieuse croissance des exportations américaines [2], et, dans une moindre proportion, japo-

1. Discours du 9 juin en réponse à lord Charles Beresford,
2. Dès 1896, les Etats-Unis importaient en Chine pour plus de 90 millions de francs de marchandises (fers, machines, outils, coton-

naises, est une menace inquiétante pour sa prépondérance. Il est fatal que le Japon, les États-
Unis, les Indes, devenus des pays producteurs
d'objets fabriqués, supplantent sur les marchés
d'Extrême-Orient les articles britanniques. On
retrouve cette inquiétude très nettement sentie au
fond des tentatives des Anglais pour accaparer
avec la vallée du Yang-tse et d'autres provinces
encore tous les grands centres de production et
de consommation du Céleste Empire. Au besoin,
l'heure venue, et pour sauvegarder les intérêts
des commerçants du Royaume-Uni, l'on saurait
bien « fermer la porte » aux marchandises étrangères et réserver aux seuls sujets de la Reine les
bénéfices de l'exploitation de la Chine.

Voilà le danger qui, véritablement, menace l'empire chinois et les intérêts européens. Si les conseils de « l'impérialisme » l'emportent, si l'Angleterre ne peut se passer de ces nouvelles Indes

nades, lainages, etc.). Depuis lors, l'exportation américaine en Extrême-Orient a pris un essor sans précédent. La part du commerce
des États-Unis en Chine n'est encore que de 6, 7 pour 100, mais
elle grandit très rapidement. En 1898 déjà, 42 maisons américaines
étaient établies sur le territoire du Céleste Empire, et l'on y comptait 2056 citoyens de l'Union. Voici d'après le rapport de M. Ly-
man Gage, ministre du Trésor, la progression des importations
américaines en Asie :

Années.	Millions de dollars.
1880	11
1896	25
1897 98 (juin à juin)	44

que seraient la vallée du Yang-tse, il faudra, pour
parer à ce péril plus grave que le danger japonais, recourir à la politique de 1895 : l'entente
des puissances continentales de l'Europe pour
résister aux envahissements de la Grande-Bretagne est le seul remède contre l'impérialisme con-
quérant. Si les grandes puissances consument leurs
forces en querelles intestines, si elles ne s'appli-
quent pas à développer en paix leur prospérité
économique, elles s'apercevront un jour, qui est
peut-être proche, qu'elles ont été peu à peu évin-
cées par la Russie, à moitié asiatique, par les
États-Unis, riverains du Pacifique et installés aux
Philippines, et surtout par le Japon. Tandis que
les nations occidentales cherchent à se tailler,
dans la riche dépouille, leur part, les Japonais
font entendre doucement à Pékin qu'eux seuls
sont les vrais amis du Céleste Empire, qu'eux
seuls n'ont pas cherché à le démembrer ; leurs
projets ont subi un échec lors de la dernière révolution de palais qui a détruit le parti des réfor-
mes, favorisé et conseillé par le marquis Ito, mais
leur œuvre n'est pas morte. Le jour est peut-être
moins éloigné qu'on ne le croit où la Chine, en
partie régénérée, en tout cas dotée des instruments
de nos civilisations, écoutera avec sympathie les
suggestions des Japonais et appliquera avec eux,

au profit du monde jaune, une nouvelle doctrine de Monroë. L'immense Chine réserve peut-être des surprises aux imprudents qui l'on éveillée de son sommeil.

Il faut, quoi qu'il doive advenir, bien voir que la question d'Extrême-Orient a pris dans la politique générale l'une des premières places, bientôt peut-être la première. Toute la politique russe de ces dernières années a ses raisons d'être en Extrême-Orient, et la politique anglaise pivote autour des deux grandes questions du Nil et du Yang-tse. C'est en Extrême-Orient que, pour la première fois, l'alliance franco-russe s'est manifestée pratiquement; c'est là aussi que, pour la première fois depuis 1870, la France et l'Allemagne ont ostensiblement marché d'accord. Peut-être faut-il voir dans l'intervention commune de 1895 un indice et un précédent, car l'allure des affaires européennes tend aujourd'hui à se régler sur les fluctuations des intérêts coloniaux. S'il est vrai que l'aurore de nouvelles conjonctions politiques a lui sous le ciel d'Extrême-Orient, il est certain aussi que des complications y peuvent surgir qui déchaîneraient jusqu'en Europe de terribles conflits : peut-être l'ancien monde verra-t-il des querelles, nées sur les bords du Fleuve Bleu, venir troubler la vieillesse des nations occidentales, comme, il

y a quelques années, les cendres impalpables
épandues dans les airs par le Krakatoa vinrent,
elles aussi, du lointain Orient, troubler, jusque
sous les climats d'Europe, la limpidité de nos
couchers de soleil.

1ᵉʳ janvier 1900

Post-scriptum. — Au moment même où commençait le « tirage » de ce livre, l'*Agence Havas* commu-
niquait, le 27 décembre, d'importantes nouvelles de
Chine : les négociations dont nous signalions l'ouverture (page 171 note) venaient d'aboutir à une heureuse
issue. Nous avons tenu à insérer ici le « communiqué »
de l'agence qui complète notre exposé de la question
d'Extrême-Orient jusqu'en 1900.

A la suite de l'attaque de notre concession de Kouang-
tcheou-ouan par les Chinois, M. Delcassé avait invité le ministre de France à Pékin à formuler des demandes de réparations et de dédommagements, dont le meurtre de deux
enseignes du *Descartes*, qui eut lieu quelque temps après,
fit augmenter le nombre et l'étendue.

Ce soir, le ministre des Affaires étrangères a reçu de
M. Pichon l'avis que satisfaction complète nous est donnée
sur tous les points.

Le vice-roi de Canton, qui nous était visiblement hostile,
est définitivement remplacé par Li-hong-tchang.

Le sous-préfet de Souei-ki est dégradé.

Les corps des deux officiers ont été rapportés à nos autorités avec des excuses faites au nom du gouvernement

chinois. Leurs familles vont recevoir les indemnités réclamées par le ministre de France.

Concession nous est faite du chemin de fer de Kouang-tchéou-ouan à Ouï-pou. La Chine abandonnera gratuitement les terrains domaniaux ou vacants qui se trouvent sur le tracé de la ligne.

Une société franco-chinoise acquiert le droit d'exploiter les mines du Kio-tchéou, du Lien-tchéou et du Lei-tchéou.

L'indemnité exigée par le meurtre du **P.** Chanez a été versée.

Enfin, le gouvernement chinois a formellement admis le principe d'une indemnité pour les derniers troubles du Yunnan. Le chiffre en sera fixé d'accord avec le représentant que le gouvernement français vient d'envoyer tout exprès à Yun-nan-fou et les autorités locales.

La convention nouvelle affermit notre situation dans la Chine méridionale; une fois de plus nous avons fait servir notre influence à Pékin au développement de nos intérêts dans la partie du Céleste Empire qui avoisine notre colonie. — La nomination au poste de vice-roi de Canton d'un personnage notoirement dévoué aux intérêts de la Russie et de la France, Li-hong-tchang, est un gage des bonnes dispositions du gouvernement impérial et témoigne de son désir d'éviter toute complication sur les frontières franco-chinoises. Canton est une capitale ; c'est le grand centre politique et économique de la Chine méridionale. Il est de la plus haute importance pour nos intérêts que notre influence y soit prédominante. — La concession d'un chemin de fer partant de Kouang-tcheou-ouan et de mines dans trois districts du Kouang-toung révèle la continuité de notre méthode d'expansion et notre volonté d'affirmer que tout le pourtour du golfe du Tonkin doit être réservé à notre influence.

D'autres nouvelles favorables nous arrivent d'Extrême-Orient. La Compagnie franco-belge du chemin de fer Pékin-Han-kéou, forte des excellents résultats de l'exploitation des sections déjà ouvertes, vient d'obtenir l'autorisation de faire aboutir la grande ligne transchinoise à Pékin même, et d'élever une grande gare près de la Porte Ouest.

Enfin, l'affaire de Chang-hai est réglée et nous avons satisfaction : notre concession reçoit les agrandissements qui lui étaient indispensables. Mais plus encore qu'un avantage matériel, cette solution de l'affaire de Chang-hai, bien que tardive, est pour nous un succès moral. L'Angleterre qui, nous l'avons vu, avait ostensiblement encouragé et soutenu la résistance du Tsong li-Yamen, a dû retirer son opposition et admettre le bien fondé de nos demandes : elle n'a pas su ou pas pu donner à la Chine l'appui matériel qu'elle n'avait pas craint de lui promettre. A Pékin, la leçon ne sera pas perdue.

Ainsi les derniers jours de l'année 1899 semblent marquer un relèvement de notre prestige en Chine. Il est équitable d'en attribuer pour une part le mérite aux hommes qui ont eu la responsabilité de nos intérêts; mais les observations que nous avons cru devoir formuler au cours de ce livre n'en restent pas moins justifiées. N'est-il pas juste, aussi, de constater que les événements, sans nous, travaillent pour nous? Nous sommes à un an de Fachoda, mais nous sommes au lendemain de Magersfontein et de Colenso...

APPENDICES

APPENDICE I

LES CHEMINS DE FER EN CHINE [1]

Par deux fois en l'espace de quelques mois (juillet 1898, février 1899), de graves difficultés ont surgi entre l'Angleterre et la Russie à propos d'une voie ferrée aux environs de Niut-chouang, et fait croire à une guerre imminente. Ce simple fait mériterait déjà d'éveiller et d'attirer notre attention sur cette question des chemins de fer en Chine. Mais en outre un intérêt puissant s'attache nécessairement à une entreprise dans laquelle l'Europe et l'Amérique ont engagé *un milliard* de francs pour construire *près de 10.000 kilomètres* de voies ferrées.

La part prise par les capitalistes français est bien modeste, et cependant ces voies ferrées non seulement sont assurées du succès [2], mais auront dans l'avenir une importance politique considérable.

Il ne s'agit point de préparer l'essor lointain d'une

1. Voyez *la Revue des Questions diplomatiques et coloniales* du 1er et du 15 juillet 1899.

2. L'ardeur avec laquelle les banques anglaises et les anciens *prince-merchants* d'Extrême-Orient luttent aujourd'hui pour obtenir à tout prix des concessions de voies ferrées en est une preuve entre beaucoup.

contrée encore inhabitée ou peu civilisée, mais de pénétrer dans un pays riche et inexploité. Les chemins de fer fourniront à ses 400 millions d'habitants, non pas de nouvelles routes de communication — car les voies projetées sont en général jalonnées par les ruines des anciennes[1] — mais des moyens de transport modernes, plus rapides et mieux entretenus.

C'est aussi un squelette et un système nerveux que l'on cherche à donner au vieil organisme, tout près de se décomposer : les chemins de fer grouperont autour d'eux les régions traversées, leur donneront une cohésion plus grande et une vie nouvelle, mais surtout orienteront naturellement leur essor et leur activité dans une direction que chaque groupe de nationaux concessionnaire cherche à rendre favorable à ses intérêts.

Cette question des voies ferrées en Chine a donc son importance et mérite l'attention de la France, généralement mal renseignée par les dépêches tendancieuses des agences, presque toutes anglaises.

Dans l'exposé que nous allons tenter, le plan suivi sera la pénétration russe dans l'Empire du Milieu, depuis la guerre sino-japonaise, ses tendances, ses efforts et ses luttes contre la concurrence de ses rivaux.

I. — LIGNE DE L'EST CHINOIS

On peut dire que la question des chemins de fer en

---

1. La décadence des anciennes routes commerciales, résultat de l'incurie des mandarins, a été une grande cause de misère et de troubles. Les chemins de fer remédieront à ces maux et apporteront la sécurité.

Chine date du jour où fut signée à Pékin la convention Cassini (octobre 1896) *en reconnaissance du loyal appui que la Russie avait prêté à la Chine en lutte avec le Japon, et pour faciliter les échanges entre les deux Empires.* Sous couleur d'obtenir pour le Transsibérien un simple raccourci de tracé, traversant en séton la Chine du Nord, c'étaient les locomotives aux larges essieux[1] qui pénétraient dans le Céleste Empire, et, derrière elles, les Cosaques allaient occuper la Mandchourie, se rapprocher de Pékin, prêts à y appuyer les demandes du tsar, galoper vers Port-Arthur et bientôt y camper, porteurs d'un fanion aux couleurs russes, timbrées du dragon chinois.

A ce moment il n'existait encore que la ligne de Tient-sin à Chan-hai-kouan, bientôt poussée jusqu'aux portes de Pékin. Construite par un ingénieur anglais pour desservir les houillères de Kaiping que possède Li-hong-tchang, elle est entièrement entre les mains des Chinois. Ceux-ci, à l'instigation des Anglais, parlaient de la prolonger jusqu'à Niut-chouang en suivant la côte, mais ce n'était encore là qu'un projet dont la réalisation semblait vague et lointaine.

Une autre petite ligne, autrefois construite par les Anglo-Américains de Chang-hai à Woosung, ayant été rachetée et détruite par les mandarins que troublait cette invention des Barbares, la voie de Tient-sin à Chan-hai-kouan constituait donc à elle seule tout le réseau chinois quand la Convention Cassini vint apprendre

---

1. On sait que les chemins de fer russes ont un écartement de voie supérieur de 10 centimètres à celui des autres réseaux européens, et cette différence de largeur a une grande importance, aussi bien au point de vue commercial qu'au point de vue stratégique.

au monde que la Chine immuable évoluait, bien qu'avec lenteur et défiance.

Les Russes se mirent aussitôt à l'œuvre et fondèrent la *Société de l'Est-Chinois* qui eut pour mission de construire la partie du Transsibérien qui traverse la Mandchourie, et ses raccordements avec les tronçons du Transbaïkal et du Sud-Oussouri.

Cette Société, qui débute avec un capital-actions d'environ 20 millions de francs, s'est entendue avec la *Banque russo-chinoise* (au capital de 25 millions de francs dont la moitié fournie par la France) pour le service des fonds nécessaires à l'entreprise. Comme garantie elle a obtenu l'exploitation de la ligne qui lui appartiendra pendant quatre-vingts ans après son achèvement et le droit de la protéger pendant tout ce temps par des troupes russes.

Au bout de trente ans la Chine a droit de rachat, mais à condition de respecter les clauses nombreuses et importantes que le ministre du tsar a eu soin de faire insérer pour toute la durée de la concession, et qui ont pour but de faciliter le transit des marchandises par cette voie, de permettre à la Russie le transport de ses troupes, de la poste et, d'une façon générale, de faciliter le service de toutes ses administrations.

Les avantages économiques de cette ligne sur l'ancien tracé — qui suivait la rive gauche de l'Amour — sont considérables : Outre l'économie réalisée (elle eût atteint la moitié des 180 millions de roubles précédemment prévus si la Russie n'avait pas achevé la ligne déjà commencée de Vladivostok à Khabarovka[1]), le

1. Les Russes tenaient malgré tout à terminer ce tronçon du

climat moins rigoureux, les ressources et l'avenir d'un pays dont la voie projetée traverse les parties fertiles et peuplées, le droit pour la Société d'exploiter les mines voisines de la ligne et de fonder des établissements industriels ou commerciaux, assurent la rémunération des capitaux engagés dans la construction de cette voie ferrée de 2.000 kilomètres de long, qui doit être terminée en 1902.

Les avantages politiques que la Russie obtenait par la même convention n'étaient pas moins considérables, mais il semble que, fidèle à sa politique qui, jusqu'en 1902, la maintiendra sur la réserve, elle n'ait point voulu brusquer les choses. Loin de se vanter bruyamment des succès obtenus, elle chercha à tenir secrète cette convention dont les clauses, cependant, ne pouvaient tarder à être divulguées. Procédant pas à pas avec une absence de nervosité et une maîtrise de soi bien orientales, elle ne voulut pas utiliser aussitôt la situation privilégiée que lui créait la Convention Cassini, et, avant d'éveiller la défiance des autres puissances, voulut surtout s'assurer l'avantage stratégique que le Transsibérien poursuit tout d'abord.

La construction des embranchements, prévus dans l'accord, sur Pékin et Port-Arthur, fut donc remise à plus tard, et la Russie se contenta de s'en réserver la future concession par deux clauses rédigées en termes

Sud-Oussouri afin d'atteindre l'Amour et d'avoir rapidement leur *voie à vapeur* (ferrée et fluviale) jusqu'en Russie, et de hâter ainsi la construction du Transsibérien en ouvrant un nouveau chantier sur le haut Amour, à la fois vers le Baïkal et vers la Mandchourie.

Moscou sera ainsi relié à Vladivostok — par l'Amour — à la fin de 1899.

vagues, qui suffisaient cependant à exclure les Anglais de ces deux lignes, et en laissaient le tracé dans une imprécision voulue. Cette concession devait d'autant moins éveiller les susceptibilités britanniques qu'on ne songeait pas encore que l'ère des voies ferrées en Chine fût si près de s'ouvrir[1].

II. — GRAND CENTRAL PÉKIN-HAN-KEOU-CANTON

Ligne Pékin-Han-keou.

Tout en évitant d'attirer l'attention sur la Mandchourie, les Russes, avec leur politique à longue échéance, escomptaient, cependant par avance les avantages économiques qu'assurerait au trafic du Transsibérien un prolongement jusqu'au cœur de la Chine, allant draîner vers la grande voie ferrée les richesses inexploitées, faute de moyens de transport.

A mesure que la mise en valeur du Céleste Empire devenait plus imminente, l'importance de cette ligne était si évidente que trois autres, destinées à aboutir à Tien-tsin ou Pékin, ne tardèrent pas à être commencées ou projetées.

Mais les Russes avaient trop d'intérêt à ce que la

1. Et, de fait, deux années s'écoulèrent sans incident jusqu'à la première affaire de Niut-chouang, deux années pendant lesquelles la carte de Chine, de Pékin à Canton et de Chang-hai au Se-tchouen, se couvrait de voies ferrées en projet, aussitôt commencées que concédées.

Pendant cette période la Russie se contenta de commencer sans bruit les travaux de la ligne Moukden-Port-Arthur, quand ce port lui eut été donné à bail, et de s'assurer la future liaison de son réseau de Mandchourie avec celui de Corée.

grande artère centrale de la Chine fût confiée à des mains « amies et alliées », et surtout à ce qu'elle fût indépendante des Anglais pour ne pas soutenir le syndicat franco-belge qui, dès le milieu de 1896, se forma pour construire et exploiter la ligne de Pékin à Hankeou. Le 26 juin 1898 après deux années d'études techniques, de luttes et d'efforts pour vaincre la timidité des capitaux français, et la tentative d'ingérance des banques anglaises dans l'affaire, de laborieuses négociations pour obtenir du gouvernement chinois les ratifications nécessaires et surmonter les incessantes difficultés créées par le gouvernement britannique, le syndicat franco-belge finit par obtenir la concession ardemment disputée. A ce propos, il n'est sans doute pas inutile de préciser ce qu'il faut entendre par *la concession d'une voie ferrée en Chine.*

A part la Mandchourie, le Chan-toung et le Yun-nan où les lignes seront la propriété des Russes, des Allemands ou des Français qui les construisent — quitte à être ensuite *rachetées* par des syndicats chinois — les étrangers ne peuvent désormais obtenir que des *concessions temporaires,* destinées à leur rembourser les frais d'établissement et à garantir l'amortissement de l'emprunt ; ils sont, non point propriétaires de la ligne, mais de simples prêteurs munis de certaines garanties.

En général les choses se passent de la façon suivante : Les Chinois pouvant seuls désormais obtenir une *concession définitive,* un syndicat indigène se forme à cet effet. Mais, s'il possède bien l'influence indispensable à la réussite de cette intrigue — dans ce pays où tout n'est que faveur et concussion — par

contre il manque des fonds et de l'expérience nécessaires pour mener à bien l'entreprise. Il se trouve
amené à s'entendre avec un syndicat étranger qui se
charge de construire la ligne au moyen d'un emprunt
émis en Europe et garanti par le gouvernement chinois.
Celui-ci assure le paiement des intérêts (5 o/o or) et le
service d'amortissement non seulement par les revenus
généraux de l'Empire, mais tout d'abord par l'affecta-
tion spéciale des produits de la voie ferrée dont l'exploitation est confiée au syndicat étranger pendant
toute la durée de l'emprunt (20 ans généralement).

Pour être valables, toutes les clauses de ce contrat
entre les deux groupes financiers indigène et étranger
doivent être approuvées par l'*Administration Centrale des chemins de fer*, créée en juin 1898, sous la
direction de Ouang-Ouen-Chao (ancien vice-roi du
Tche-li), puis sanctionnée par un édit impérial que le
Tsong-li-Yamen notifie ensuite aux ministres à Pékin
des puissances chez lesquelles l'emprunt est émis.

Ainsi fut conclu et ratifié le contrat qui a chargé le
syndicat franco-belge de la plus grande partie de la
ligne de Lou-kou-tschiao (près Pékin) à Han-keou : la
concession (définitive) de cette voie ferrée fut accordée
le 20 octobre 1896 à la *Compagnie des Chemins de
fer Chinois* fondée sous les auspices des vice-rois du
Tche-li et du Hou-kiang et du Directeur de cette compagnie, le fameux Sheng-Hsuan-Huai, au capital d'environ 45 millions de francs.

Grâce aux fonds dontelle disposait, et à une entente

1. Cette émission a eu lieu récemment et a bien réussi, si l'on
en juge par la répartition : il n'a été distribué que la moitié des obligations souscrites.

spéciale avec la Banque russo-chinoise, elle put immédiatement faire construire pour son compte le premier tronçon (Pékin-Poa-ting-fou).

Le reste de la ligne fut confié au syndicat francobelge par contrat du 26 juin 1898, ratifié par le Fils du Ciel le 11 août et notifié les 17 août et 1ᵉʳ septembre de la même année aux ministres de Belgique et de France à Pékin. Il fut en même temps autorisé à émettre un emprunt [1] de 112 millions 1/2 à 5 o/o dont les 2/3 sont fournis par la France. Outre la garantie des revenus impériaux, le gouvernement chinois s'engage à affecter d'abord les produits de la voie ferrée — qui doit être achevée en 1903 — à l'amortissement de l'emprunt en 20 années, pendant lesquelles le syndicat franco-belge sera chargé de l'exploitation.

En cas de désaccord dans l'exécution du contrat, le ministre de France sera pris comme arbitre.

Nous devons nous réjouir d'avoir pu, en dépit de tous leurs efforts, vigoureusement secondés par Sir Claude Mac-Donald, évincer les Anglais de cette ligne importante qui, prolongée par la voie Han-keou-Canton, sera, comme on l'a dit, le *Paris-Lyon-Méditerranée* de la Chine : comme la nôtre, la voie chinoise sera à la fois une voie de transit et un chemin de très grande communication entre les deux parties, nord et sud, du Céleste Empire.

La variété des climats, des productions, et des richesses semées sur le parcours de la ligne ou rassemblées dans les grands centres commerciaux qu'elle traverse [1],

---

1. La triple agglomération Han-keou-Han-yang-Ou-tchang comprend 1 million 1/2 d'habitants et monopolise les échanges avec un **grand tiers de la Chine.**

l'exportation en Europe des produits d'un prix élevé (soie et thé) et l'abaissement des droits de sortie ou d'entrée par le Transsibérien[1], le tracé qui ne présente d'autre difficulté que la construction d'un pont sur le Hoang-ho, enfin l'avantage de la communication avec Pékin assurée pendant tout l'hiver, en dépit des glaces du Pei-ho qui bloquent Tien-tsin pendant quatre mois et de la barre qui gêne en toute saison l'entrée du fleuve, garantiraient déjà la rémunération des capitaux engagés.

Mais, en Chine, l'importance du trafic des voyageurs — car les gens se déplacent avec une facilité qui pour nous est un perpétuel sujet d'étonnement — surpasse de beaucoup celle du transit des marchandises et cette ligne aura non seulement l'avantage de traverser des pays fort peuplés, mais surtout cette autre bonne fortune inappréciable de conduire à Pékin la foule des mandarins, fonctionnaires, lettrés ou bacheliers du Setchouen et du Hou-nan, en quête d'une place, d'un bouton ou d'une faveur ; et Dieu sait s'ils sont légion !

Il ne faut pas oublier non plus que cette voie fut une grande route commerciale autrefois très fréquentée, que sa décadence n'est que le résultat du manque d'entretien des chemins, et que cette crise est la cause de bien des troubles, surtout de l'hostilité que les gens du Se-tchouen et du Hou-nan manifestent contre les étrangers. Cette grande voie ferrée peut donc avoir d'importantes conséquences au point de vue social et politique aussi bien qu'au point de vue économique.

---

1. La réduction sera de moitié : 2 1/2 au lieu de 5 o/o ad valorem.

Ligne Han-keou-Canton. — Malheureusement le syndicat franco-belge n'a pu obtenir la concession de la ligne du Sud du Yang-tse, car Sheng a fait attribuer le tronçon Han-keou-Canton aux Anglais et aux Américains [1] et c'est seulement au cas où ils échoueraient qu'il s'est engagé à s'adresser à la Société d'études belge.

Le contrat pour la construction et l'exploitation de ce tronçon méridional qui, comme celui du Nord, a environ 1200 kilomètres, a été signé le 16 septembre 1898.

Ligne Canton-Kao-loung. — De l'extrémité méridionale du Grand Central partira bientôt la ligne Canton-Kao-loung, qui aboutira en face de Hong-kong et facilitera considérablement le trafic, déjà si important, entre ces deux grands centres commerciaux. Les Anglais ont obtenu cette voie comme compensation à leur attitude *conciliante* dans l'affaire Niut-chouang (septembre 1898), en dépit des promesses formelles qui nous avaient été faites quelques mois plus tôt, touchant l'intégrité des provinces limitrophes du Tonkin [2].

Embranchements du Grand Central dans le Chan-si et le Ho-nan. — A la partie Nord de cette grande voie de communication et d'échanges que sera le

---

1. Ceux-ci ont ainsi trouvé un placement pour les capitaux que leur échec dans l'affaire de la ligne Tien-tsin-Tchin-kiang laissait inemployés.

2. L'extension considérable du territoire que les Anglais possédaient déjà à Kao-loung sur le continent, en face de l'îlot de Hong-kong, avait d'ailleurs été une première atteinte portée à nos droits et à notre prestige (juin 98) et une véritable violation des promesses que la Chine nous avait faites (mars 98).

Grand Central, se rattachent deux chemins de fer qui ne sont, du moins pour l'instant, que des lignes d'exploitation, quelque grande d'ailleurs que soit leur importance.

La première, quittant le Grand Central à Tchin-ting-fou, a pour but principal de desservir les districts miniers du Chan-si septentrional et occidental, dont le sous-sol renferme des richesses considérables, et en particulier le bassin houiller de Tai-yuen-fou. La Banque russo-chinoise, qui en a obtenu la concession en même temps que le syndicat franco-belge obtenait celle de Pékin-Han-kéou, a confié la construction de la voie ferrée et la fourniture du matériel à un groupe d'industriels français (Fives-Lille-Creusot-Batignolles) qui a déjà fait les études préliminaires et décidé le tracé définitif à suivre. Cette même banque a obtenu de prolonger la ligne jusqu'à Si-ngan-fou, où elle ira chercher le coton du Chan-si, nécessaire au développement de la jeune industrie nationale. A l'heure actuelle, elle négocie avec le Tsong-li-Yamen les conditions de l'emprunt nécessaire au prolongement de cette voie ferrée (120 millions environ).

Il est important de remarquer que, par cette voie, les Russes tiendront — à part le petit tronçon Pao-ting-Tchin-ting confié à leurs amis franco-belges — la route de Pékin à Si-ngan-fou. Or cette ville serait le refuge impérial tout indiqué en cas de danger imminent, ou d'attaque d'une puissance *maritime*.

L'autre voie ferrée quitte la précédente à Ping-ting-tcheou et traverse du Nord au Sud le Chan-si oriental et le Ho-nan. Elle a été concédée à un syndicat anglo-italien (Peking-Syndicate), qui s'est constitué au capital de 38 millions de francs [1] et a obtenu pour 60 ans le monopole de l'exploitation des chemins de fer, des canaux et des mines, toutes d'une grande richesse (charbon, fer, pétrole), dans ces deux provinces. Une entente a été conclue avec la Banque russo-chinoise dont la voie ferrée (Chan-si septentrional et occidental) sera utilisée pour le transport des produits miniers italiens.

En septembre dernier, la convention anglo-russe, qui ajourna l'affaire de Niut-chouang moyennant quelques importantes compensations pour l'Angleterre, a prévu, par une de ses clauses, le prolongement du réseau — qui d'abord devait s'arrêter à Ho-nan-fou sur le Hoang-ho — jusqu'à Siang-yang, où les jonques de Han-keou arrivent aisément par le Han, affluent de gauche du Yang-tse. L'ouverture (juin 98) des fleuves et cours d'eau à la navigation étrangère permettra aux Anglais d'exporter vers le « Fleuve » les richesses à fleur de sol dont ils ont obtenu l'avantageuse concession.

On retrouve ici la constante préoccupation britannique — avouée du reste — de s'opposer à ce que les richesses de la Chine centrale prennent la route du Nord et du Transsibérien [2].

---

1. La très grande partie de ces capitaux sont anglais, et, dans ce syndicat, les Italiens, par leur initiative et leur hardiesse, jouent vis-à-vis des Anglais à peu près le même rôle que les Belges à notre égard.

2. Ils ont même cherché à insinuer aux Russes, sur la foi de prétendus rapports d'ingénieurs, que la voie ferrée du Chan-si septentrional serait avantageusement remplacée par une ligne de Si-ngan fou au Yang-tse, mais la ruse était vraiment trop grossière et, depuis, le ministre du tsar, à propos des récentes négociations de la banque russo-chinoise avec le Tsong-li-Yamen, a notifié qu'il s'op-

Par ces trois voies presque parallèles (franco-russe,
anglo-italienne, franco-belge), qui toutes trois se rac-
cordent dans leur partie septentrionale ; par le Hoang-
ho dont le cours moyen les traverse normalement ; par
la rivière Han qui prolonge jusqu'à Han-keou le chemin
de fer du Chan-si et du Ho-nan, les moyens de transport destinés à l'exploitation minière de cette région et
à la mise en valeur de ces « terres jaunes », fameuses
pour leur fertilité, ne feront pas défaut. Malheureusement, la voie anglo-italienne doublera en partie la ligne franco-belge et ne sera pas sans lui porter préjudice.

Environs de Pékin. — Pour être complet, nous
devons enfin mentionner une petite ligne chinoise rac-
cordée au Grand Central et qui, partant de Lou-kou
tchiao, mène aux houillères situées à l'ouest de Pékin.

III. — RÉSEAU DU BORD DE LA MER

Ligne Tien-tsin — Tchin-kiang.

Parallèlement au Grand Central, mais sans être cependant pour lui une menace de concurrence sérieuse
à cause de son éloignement et surtout des besoins différents auxquels elle est appelée à répondre, une ligne
anglo-allemande doit relier Tien-tsin à Tchin-kiang et
mettre en communication la grande ville commerciale
du nord de la Chine avec le réseau du Chan-toung, dont

poserait à la concession de tout chemin de fer de Si-ngan-fou
vers le Yang-tse, accordée sans l'assentiment du gouvernement
russe.

les Allemands ont la possession et avec celui du bas Yang-tse, que les Anglais se sont fait concéder. Cette voie ferrée est, comme le Grand Central, destinée à remplacer une ancienne route commerciale, celle du Canal Impérial, où la navigation n'est plus possible que dans quelques tronçons.

Les intérêts mis en jeu expliquent assez que les Anglais et les Allemands se soient vigoureusement opposés à la première combinaison qui accordait la concession de cette ligne à un certain Young-Ouing, soutenu par les Américains, auxquels il devait la rétrocéder.

Mais ce premier succès ne supprima point toutes les difficultés, et la question se compliquait du fait que les Allemands mettaient leur veto formel à toute immixtion des capitaux étrangers dans la province qu'ils ont fait réserver à leur influence ; ils maintinrent jusqu'au bout cette prétention, malgré la satisfaction que le Mémorandum Bülow (août 1897) sembla donner aux réclamations anglaises, déjà vieilles de six mois. D'autre part, quand les Anglais parlèrent de faire passer cette ligne à l'ouest du Chan-toung — ce qui d'ailleurs lui eût enlevé un notable partie de son trafic et de ses recettes — ils se heurtèrent à l'opposition très ferme du ministre de France, car ce tracé, trop rapproché du nôtre, eut causé un sensible préjudice à la voie franco-belge (août 1898).

Patiemment, sûrs du succès, les Allemands attendirent qu'on s'inclinât devant leurs prétentions : les événements leur ont donné raison.

Hu-yu-fen, le directeur du chemin de fer de Tien-tsin à Chan-hai-kouan, est à la tête du syndicat concessionnaire. Il s'est entendu avec les capitalistes anglais pour la construction de la ligne depuis Tchin-kiang jusqu'à la frontière du Chan-toung (330 kil.). Les Allemands se chargent de la continuer, de là jusqu'à Pékin (650 kil.). Ainsi cette voie ferrée est concédée dans les mêmes conditions que le Grand Central.

Cet échec des Allemands — (ils avaient demandé que la ligne, pendant le passage dans *leur* province, leur fût concédée, à titre *définitif*, comme le reste du réseau du Chan-toung et comme l'Est chinois aux Russes) — n'est qu'apparent. Pour les remercier de leur amabilité, le Tsong-li-Yamen s'est engagé à dépenser près de 10 millions de francs pour faire au cours du Hoang-ho — capricieux, comme l'on sait — de grands travaux d'amélioration qui ne profiteront qu'à cette province, c'est-à-dire aux Allemands, bien que les 2/3 de la somme doivent être prélevés sur l'ensemble des revenus de tout l'empire.

Tel est le résultat de la mission de Li-hong-tchang, nommé commissaire impérial du fleuve Jaune en novembre dernier, peu après sa disgrâce, et ce n'est pas un des résultats les moins curieux de l'imbroglio dont Pékin fut le théâtre, à l'automne dernier. Celui dont le départ fut si regretté des Européens — sauf peut-être des Anglais — ne les a pas tous oubliés dans son exil, et s'est du moins souvenu de ceux qui, dans leurs relations avec la Chine, s'étaient montrés les plus fermes.

Le contrat entre les concessionnaires indigènes et le syndicat anglo-allemand a été signé le 18 mai dernier et ratifié par décret impérial. L'emprunt à émettre est de 185 millions de francs à 5 o/o, la ligne doit être

achevée en cinq ans, et l'amortissement avoir lieu en
5o ans..

Lignes allemandes du Chan-toung. — Les Allemands se sont fait accorder, dans la province où ils
ont pris pied, outre la baie de Kiao-tcheou, le monopole de l'exploitation des mines et de la construction
des voies ferrées dans cette province.

Des deux lignes dont ils ont obtenu la concession, la
première, partant de Kiao-tcheou vers Wei-hien et
Tsi-nan-fou, est destinée à draîner vers leur nouvelle
acquisition le commerce du Chan-toung (produits agricoles et comestibles), à les détourner de Tche-fou, où
les affaires sont aux mains des Anglais, et à lui faire
reprendre son ancienne voie, encore jalonnée par les
restes d'un canal aujourd'hui impraticable. L'autre
ligne doit servir à l'exploitation du bassin houiller de
Y-tcheou-fou.

Au temps où les Anglais prônaient encore la politique de la *porte ouverte*, ils s'émurent du monopole
qui les évinçait de cette province et protestèrent
bruyamment, mais on peut voir aujourd'hui — par les
avantages que le gouvernement chinois accorde à l'Allemagne pour prix de son *amabilité* à ne pas exiger la
stricte observation de ses privilèges exclusifs — ce qu'il
faut penser des assurances qui furent données au gouvernement de la Reine par le Memorandum Bülow en
août dernier.

Lignes anglaises du bas Yang-tse. — Du jour où
les Anglais virent la partie irrévocablement perdue
pour eux dans l'affaire Pékin-Han-kcou, ils se tournè-
rent d'un autre côté avec leur souplesse et leur décision
habituelles, et, tout aussitôt, sans difficulté, obtinrent,

dans les mêmes conditions que la voie franco-belge, la concession de tout un réseau dans la région si riche, si populeuse et si commerçante du bas Yang-tse. C'est assez dire que le succès de ces lignes est largement assuré, et les Anglais n'ont pas dissimulé leur joie d'acquérir ainsi, sans coup férir, une aussi forte position qui fait d'eux les véritables *portiers du fleuve*.

Mais au Nord il n'en fut point de même, et leur ambition insatiable se heurta à deux échecs pénibles, l'un au Chan-toung où, pour décider la construction de la ligne Tien-tsin-Tchin-kiang, ils durent reconnaître que la *porte ouverte* n'était qu'un mot et rien de plus, l'autre aux abords de Niut-chouang, où la *question épreuve* tourna à leur égale confusion, et où d'ailleurs les difficultés n'ont point toutes disparu. Dans ces deux cas ils se heurtèrent, il est vrai, à l'Allemagne et à la Russie, à qui l'énergie est chose coutumière.

Leur tentative ne visait à rien moins qu'à posséder toute la ligne, depuis Nankin et Ning-po jusqu'à Niut-chouang, ce qui les eût rendus maîtres d'un réseau complet bordant la Chine du côté de la mer et formant, dans sa dernière partie, l'unique route d'exportation de Chine en Europe. C'eût été une situation unique, la prépondérance assurée, s'ils avaient pu l'obtenir. L'Allemagne, il est vrai, aurait réclamé sa part ; mais, à tort ou à raison, les Anglais ne désespéraient pas de s'entendre avec ces commerçants rivaux, mais pratiques.

Avec les Russes, la question prit une autre tournure.

IV. — DÉBOUCHÉ DE LA CHINE.

Ligne de Niut-chouang.

Après avoir indiqué les deux grands réseaux qui se partagent l'exploitation de la Chine, il nous reste à parler de la voie qui doit leur servir à tous deux de débouché et les relier à l'Europe. D'ailleurs la chronologie est d'accord avec la logique pour nous imposer cet ordre d'exposition.

Les Anglais, maîtres du Bas Yang-tse, croyant, depuis l'éviction des Américains, la question de Tien-tsin-Tchin-kiang en passe d'aboutir à une solution satisfaisante pour eux, cherchèrent aussitôt, par l'entremise de leur grande banque d'Extrême-Orient, la *Hong-kong and Shanghaï Bank*, à mettre la main sur le chemin de fer, toujours à l'état de projet, de Chan-hai-kouan à Niut-chouang.

Cette tentative, qui a déjà par deux fois donné lieu à de sérieuses difficultés avec la Russie, a enfin trouvé dans ces derniers mois sa solution définitive, encore qu'elle ne soit point très franche. La voie ferrée de cette région a une telle importance qu'il convient d'y insister et de mettre en lumière les véritables intérêts qui sont en jeu et se dissimulent volontairement.

En juin 1898, la situation était celle-ci :

Du centre de la Chine jusqu'à Chan-hai-kouan, les voies ferrées étaient construites ou du moins définitivement tracées ; le dernier tronçon qui, à partir de Tien-tsin, devait concentrer tout le trafic des deux réseaux, avait pour directeur un Chinois (Hou-you-fen) dont

les Anglais s'étaient assuré la partialité en l'intéressant
fortement à leurs banques. Au delà, les communications cessaient brusquement, et de la Grande Muraille
jusqu'à l'Est chinois, un large fossé s'étendait, sur lequel il s'agissait en quelque sorte de jeter un pont. *La
ligne à construire serait le débouché unique et le
chemin nécessaire de la Chine vers l'Europe. Celui
qui en serait le maître deviendrait par le fait
même le véritable portier du Céleste Empire.*

C'était un autre canal de Suez qu'il s'agissait d'accaparer, et c'est ce qui explique toutes les concessions auxquelles consentit le gouvernement britannique, pour y
parvenir. Au fond, la garantie d'hypothèque dont il dut
finalement se passer l'intéressait beaucoup moins au
point de vue financier qu'au point de vue politique [1].

Or, dans la région à traverser, existe à Niut-chouang,
port ouvert au fond du golfe du Pe-tchi-li et servant
d'issue au commerce de la Mandchourie, une nombreuse
colonie d'Anglais et d'Américains qui redoutait l'approche lente et continue des Russes. Le Foreign Office
résolut de profiter de la circonstance pour relier ce centre
commercial aux lignes chinoises, en déviant sur ce point
la ligne à construire : elle se relierait là à la ligne
Moukden-Port-Arthur et par suite au Transsibérien. Il
espérait ainsi sauvegarder les intérêts commerciaux de
ses nationaux, mais ce n'était là qu'un côté secondaire
de la question : son véritable but était de mettre la
main sur la porte de la Chine et de profiter de l'indé-

---

1. L'analogie de la situation avec celle du canal de Suez ne lui
échappa point : un membre de la Chambre des Communes demanda même que lord Salisbury fît racheter les obligations de
Pékin-Han-keou comme autrefois les actions du Khédive.

cision qui régnait encore au sujet du tracé pour obtenir une ligne qui, longeant la mer, serait sous la surveillance et sous le feu des croiseurs anglais.

Mais les Russes veillaient :

Si la question capitale de la voie ferrée reliant le Céleste Empire au Transsibérien n'était pas encore résolue, ce n'était point un oubli du gouvernement du tsar, mais celui-ci entendait la trancher à son heure, quand sa situation en Extrême-Orient, assurée et fortifiée par la ligne Moukden-Port-Arthur, lui permettrait de ne tenir compte d'aucune opposition.

Aussi, tandis que le projet de prolongement sur Niut-chouang dormait dans les cartons de la Compagnie Tien-tsin-Chan-hai-kouan, la Russie s'était fait réserver la préférence pour la construction des voies ferrées, au nord de la Grande Muraille, comme nous l'avons vu au début de cette étude. Mais elle n'avait entendu se lier d'avance par aucun engagement de tracé et, si elle acceptait d'utiliser Niut-chouang pour y débarquer le matériel nécesssaire à la construction de la ligne Girin-Port-Arthur, elle comptait refuser la liaison de ce port anglais non seulement à Chan-hai-kouan, mais même au chemin de fer du Liao-toung. Ainsi ce port ouvert resterait isolé, voué à une décadence prochaine, entre la ligne stratégique de Port-Arthur et la voie Moukden-Chan-hai-kouan qui devait donner à la Russie tout le débouché commercial de la Chine, et conduire au besoin ses troupes à Pékin.

Tel était le projet du tsar. On comprend maintenant l'accueil que lui réservaient les commerçants anglais et leur opposition d'autant plus acharnée que, sous prétexte d'appliquer la théorie de la porte ouverte au cas de Niut-chouang, à cette *question épreuve*, il s'agissait de mettre la main sur la porte de la Chine et en même temps de la fermer aux wagons russes et aux Cosaques[1].

Ce fut à partir du milieu de 1898 que les difficultés devinrent plus aiguës et que les rivalités s'exaspérèrent autour de ce projet de voie ferrée.

Le 14 juin 1898, la *Hong-kong and Shanghaï Bank*, profitant de ce que les gouvernements français et belge, et aussi le gouvernement russe, étaient tous trois occupés des dernières négociations de la ligne d'Han-keou, obtint la ratification par le Tsong-li-Yamen du contrat intervenu entre le concessionnaire Hou-you-fen (directeur du chemin de fer du Nord) et la banque anglaise.

Celle-ci s'engageait à émettre un emprunt de 58 millions environ à 5 o/o et à prolonger la ligne Pékin-Chan-hai-kouan jusqu'à Niut-chouang en suivant la côte. Comme garanties, elle obtenait les revenus de la ligne en exploitation et ceux du tronçon à construire. Le personnel des ingénieurs européens resterait en place et serait chargé de l'exploitation jusqu'à la fin de l'amortissement de l'emprunt.

A peine ces faits étaient-ils connus que, le 18 juin, le chargé d'affaires russe, M. Pavlof, se rendait au Tsong-li-Yamen et protestait, au nom de son gouvernement. Il invoquait l'article 3 de la Convention Cassini : *La Chine réserve à la Russie la construction des voies ferrées de Girin à Chan-hai-kouan et à Niut-*

---

1. Les Anglais, s'ils construisaient la ligne, avaient naturellement l'intention de lui donner l'écartement normal et de mettre ainsi une gêne au trafic russe et un obstacle aux wagons trop larges des lignes sibériennes.

chouang, au cas où elle ne serait pas capable de le faire elle-même. Le tracé sera celui déjà prévu par la Chine. Il exigeait en outre l'annulation du contrat déjà signé. En cas de refus, les troupes russes étaient prêtes à occuper Kouldja.

Il obtint une première satisfaction : le contrôle de la ligne resterait aux Chinois et la *Hong-kong and Shanghai Bank* n'aurait droit à aucune hypothèque.

En réponse, Sir Claude Mac-Donald fut chargé par lord Salisbury d'offrir au Fils du Ciel l'appui de la flotte britannique *contre toute agression provoquée par l'observation fidèle d'un contrat librement signé* (28 juillet). Le Tsong-li-Yamen remercia chaleureusement de cette offre gracieuse, mais, méfiant, eut soin d'ajouter que personne ne menaçait la Chine.

Le 27 juillet M. Pavlof renouvelait ses instances et exigeait que le gouvernement chinois prît l'engagement formel :

1° De ne pas aliéner, ni hypothéquer la ligne future au profit d'une puissance étrangère ;

2° De ne pas y laisser d'employés étrangers, au Nord de la Grande Muraille, une fois la ligne construite.

A cette nouvelle, l'émotion fut d'autant plus vive à Londres que lord Curzon avait déjà annoncé aux Communes la ratification du contrat du 14 juin, et sir Claude Mac-Donald reçut l'ordre de protester *contre l'ingérence des Russes dans un contrat relatif à une voie ferrée entre deux points comme Tien-tsin et Niut-chouang où le commerce anglais était prépondérant.*

Pour la première fois dans cette affaire, abandonnant la fiction du gouvernement chinois seul respon-

sable de ses engagements, le Foreign Office s'adressait à la Russie, et dès lors les négociations se trouvèrent engagées directement entre Londres et Saint-
Pétersbourg. Elles furent parfois très pénibles, et le
6 août l'activité des pourparlers et un incessant échange
de dépêches firent croire à l'imminence d'une rupture.
Ce fut au contraire l'entente qui se produisit. En septembre un accord fut conclu.

L'Angleterre retirait ses prétentions. La Banque
anglaise fournirait les fonds, sans aucune hypothèque
sur la future ligne et l'emprunt n'aurait comme garantie que les revenus du tronçon existant (Tien-tsin-
Chan-hai-kouan).

Mais l'insuccès de la diplomatie britannique trouvait dans cet accord de larges compensations :

D'abord, grâce à cette *question épreuve* elle avait
pu mesurer les progrès qu'avait fait l'influence russe
dans le Nord, et se rendre compte qu'il fallait définitivement renoncer à la politique de la *porte ouverte*
dans la Chine septentrionale. Puis, dans le sud et le
centre du Céleste Empire, elle obtenait les avantages
suivants [1].

— Le syndicat anglo-italien du Chan-si pourra prolonger la voie ferrée de Pékin à Ho-nan-fou jusqu'à
Sianh-yang.

— La concession — très importante — du chemin
de fer de Kao-loung à Canton lui est accordée.

— Enfin une phrase, d'ailleurs vague, et destinée
à satisfaire l'amour-propre britannique, semble dé-

____

1. Déjà mentionnés dans le courant de cette étude, au fur et à
mesure qu'il était parlé de ces différentes lignes.

limiter, comme sphère d'influence anglaise, le bassin du Yang-tse et réserver la Mandchourie aux Russes[1].

Ainsi c'est à nos dépens que les Anglais trouvaient des compensations à leur reculade devant les Russes.

Mais l'ère des difficultés n'était pas close, et dès le mois de novembre, on pouvait prévoir que la question renaîtrait au printemps, plus brûlante que jamais. En attendant, les rivalités se manifestaient à propos du personnage d'Hou-you-fen. D'abord la faveur de l'Angleterre l'avait fait entrer au Tsong-li-Yamen ; l'arrivée du nouveau ministre du tsar l'en fit sortir; puis M. de Giers obtint sa révocation de Directeur du chemin de fer du Nord, à cause de ses attaches avec les banques anglaises, et fit successivement nommer à sa place deux créatures des Russes, dont l'une n'était autre que le Président de l'Est-Chinois, Shu-tching-tcheng; il fut d'ailleurs remplacé quelques jours après par un Mandchou très influent, Tchang-Y, nommé en novembre 1898 Directeur des chemins de fer et des mines du Tche-li et du Chan-si septentrional, et dont la sympathie était toute acquise au gouvernement russe.

En vain sir Claude Mac-Donald multipliait-il ses protestations et ses demandes d'enquête auprès des ministres chinois. Aucune satisfaction ne lui fut accordée. Mais, le 4 février, jour de l'émission de l'emprunt à Londres, grande fut la stupéfaction quand on vit le prospectus affirmer, contrairement à l'accord anglo-russe de septembre dernier, que le gouvernement chinois s'était engagé :

1. Voir plus haut, dans le troisième chapitre, page 208, ce qu'il faut penser des prétendus droit de l'Angleterre sur le bassin du **Yang-tse.**

1° A affecter tout d'abord au service des intérêts et de l'amortissement les produits de la ligne *en deçà et au delà* de Chan-hai-kouan ;

2° A laisser en place jusqu'à la fin de l'amortissement l'ingénieur en chef et le contrôleur général, tous deux Anglais.

M. de Giers se rendit aussitôt au Tsong-li-Yamen et protesta, en termes très énergiques, contre l'oubli de l'article 3 de la Convention Cassini et contre la violation des promesses faites par la Chine au ministre du tsar le 27 juillet précédent.

Le conflit, ajourné pendant quelques mois, renaissait aussi aigu que lors de la première affaire de Niut-chouang.

Cette réédition de la *question épreuve*, car le Foreign Office voulut profiter de ces nouvelles négociations pour faire une dernière tentative et obtenir de la Russie la reconnaissance de la vallée du Yang-tse comme sphère d'influence anglaise, fut liquidée par un second insuccès. D'après les notes échangées à Saint-Pétersbourg, le 28 avril 1899, entre le comte Mouravieff et l'ambassadeur britannique[1], l'Angleterre s'engage à ne plus demander ni soutenir aucune concession de voie ferrée au nord de la Grande Muraille, et la Russie prend le même engagement à l'égard de la vallée du Yang-tse.

Cet accord, dont il a été beaucoup parlé, et dont on a exagéré l'importance, ne fait que *concerner le partage des sphères de concessions de chemins de fer*

---

1. Voir dans la *Revue des Questions diplomatiques et coloniales* le texte exact de ces deux notes du 15 mai 1899, pages 94 et 95.

à construire et à exploiter en Chine et n'a pas d'autre signification.

Une note additionnelle a pour but de préciser la situation en ce qui concerne la ligne de Niut-chouang construite par les Anglais dans la sphère désormais réservée aux Russes.

Le gouvernement britannique retire sa prétention de faire garantir l'emprunt par une hypothèque sur la future voie ferrée *au delà de Chan-hai-kouan.*

D'autre part, si le gouvernement chinois nomme un ingénieur ou un contrôleur anglais pour diriger les travaux ou surveiller l'emploi des fonds, il demeure entendu que ce fait ne constitue aucunement un contrôle étranger.

Les Anglais ne peuvent donc conserver aucun espoir de tirer un avantage politique quelconque de cette ligne qu'ils construisent, mais pour laquelle ils n'ont point les garanties financières stipulées dans toutes les autres concessions. De plus, l'embranchement projeté vers Moukden sera construit par la ligne elle-même.

Ce tronçon — Liao-heichan à Sin-minting — qui eût mis en communication le port anglais avec le centre de la Mandchourie et l'eût relié au Transsibérien sera-t-il réellement construit ? On peut en douter, car les Russes, mettant à profit le récente convention qui les laisse libres d'agir dans le Nord, ont aussitôt remanié le réseau projeté et, sans attendre l'autorisation du Tsong-li-Yamen, ont déjà commencé les travaux d'une voie directe de Moukden à Pékin.

Ce nouveau projet de chemin de fer a une importance considérable, aux points de vue politique, stratégique et commercial. Il conduit de Mandchourie à la capitale du Céleste Empire par une route que l'éloignement de la côte défend naturellement contre les attaques d'une puissance maritime ; construit avec le même écartement de rails que les réseaux de l'Est chinois et du Grand Central, il établit la communication — sans transbordement — depuis Moscou jusqu'à Pékin.

Mais, en toute bonne foi, les Anglais devront reconnaître qu'ils sont seuls coupables d'avoir provoqué, puis ratifié la convention du 28 avril 1899, que les Russes se contentent d'appliquer à la lettre.

V. — CHEMINS DE FER D'INDO-CHINE

Les chemins de fer d'Indo-Chine sont nettement séparés des réseaux précédents, et par la configuration géographique, et par l'éloignement du Transsibérien, auquel ils ne pourront se relier utilement avant d'être par eux-mêmes l'objet d'un trafic considérable.

Le but auquel ils doivent viser tout d'abord est la mise en valeur de notre empire asiatique, et — comme complément ou plutôt comme condition nécessaire de ce développement économique et commercial — la liaison et la *soudure*, projetée depuis quinze ans, aujourd'hui prochaine, avec les provinces chinoises limitrophes, le Kouang-toung, le Kouang-si, et surtout le Yun-nan.

Cette extrémité méridionale du Céleste Empire — bien détachée des autres réseaux chinois — est un plateau, abrupt du côté du Yang-tse, défendu du côté de la Birmanie par une série de hautes chaînes parallèles, fort difficiles à franchir, et qui s'abaisse doucement au Sud-Est vers le Tonkin et le Si-kiang. Les fleuves qui en descendent suivent cette direction qui est aussi celle des voies naturelles de pénétration jusqu'au cœur du pays, à Yun-nan-fou.

La vallée du Fleuve Rouge nous donne la meilleure des routes[1] qui conduisent à ce plateau, encore peu peuplé, mais riche en produits miniers. Elle fut autrefois très fréquentée avant que nous ayons réussi à y accumuler les obstacles de tout genre. Une autre voie parallèle descend par Pe-se sur Pakhoï et sur Ou-tcheou-fou. Tout entière en Chine, elle longe, à peu de distance, notre frontière du Tonkin. Mais au lieu de chercher à la dévier pour la faire aboutir sur notre territoire — tentative bien hasardée tant que nous aurons les mêmes systèmes et procédés douaniers — il vaut mieux travailler à développer notre voie du Fleuve Rouge puisqu'elle nous appartient déjà, qu'elle a plus de chance de réussir, étant le débouché le plus économique et le plus rapide du Yun-nan, et qu'enfin nous nous rapprochons par là du Yang-tse, et pourrons prendre sur ce plateau, qui commande le bassin supérieur du « Fleuve », une position militaire qui pour nous peut être de la plus grande utilité dans l'avenir.

Ce rapide exposé était nécessaire pour montrer la variété et la différence des intérêts qui s'attachent aux diverses voies ferrées que M. Doumer a fait adopter, voter et souscrire par un emprunt récent qui a réussi au delà de toute espérance.

Outre le prolongement jusqu'à Hanoï d'une part, et

1. Les rapports de la Mission lyonnaise sont très concluants à cet égard.

de l'autre jusqu'à Long-tcheou[1] et Nanning-fou de la
ligne Phu-lang-thuong-Lang-son, destinée à relier la
capitale du Tonkin à la route chinoise qui descend de
Yun-nan-fou par Pe-se, les ingénieurs achèvent, au delà
de la frontière, la dernière étude de la voie ferrée
Hanoï-Yun-nan-fou qui doit être la grande artère centrale du Tonkin et le principal débouché du Yun-nan[2].
Les diverses missions qui se sont occupées de la ques
tion s'accordent à reconnaître que le tracé est relativement facile, que les difficultés sont, en tout cas, infiniment moindres que celles de l'autre chemin de fer par
lequel les Anglais tentent d'aboutir au même point.
Mettons-nous donc à l'œuvre sans perdre de temps et,
par une sage réglementation douanière, mais surtout
par une application pratique de celle-ci, cherchons à
développer les échanges et le transit par la voie du
Tonkin.

En juin 98, le Tsong-li-Yamen nous a accordé la
voie ferrée de Pakhoï à Nanning-fou, mais il faut espérer que nous aurons soin de ne pas profiter de cette
concession : nous ne l'avons, en effet, demandée que
pour éviter de voir les Anglais l'obtenir et développer
par là la voie chinoise de Pe-se, rivale de la nôtre.

Lorsque 'nous aurons mis en valeur notre empire
indo-chinois, quand le Yun-nan, notre hinterland naturel, sera, grâce à ses richesses utilisées, repeuplé et
prospère, la production de ces régions sera suffisante

1. Dans le Kouang-si, à 70 kilomètres de notre frontière.
2. Rappelons, pour mémoire, dans cette étude des chemins de
fer de Chine ou pénétrant en Chine, que le projet adopté et voté
prévoit trois petites lignes côtières qui se relieront ensuite pour
établir la future voie de Saïgon à Hanoï et au Yun-nan.

pour permettre l'établissement d'une voie ferrée de
Hanoï à Han-keou, ainsi reliée au Transsibérien. Mais,
pour l'instant, il faut aller au plus pressé, mettre en
valeur ce que nous possédons et ce qui nous est réservé,
et surtout le défendre contre les convoitises étrangères,
car les Anglais aussi veulent atteindre le Yun-nan et
s'avancent de deux côtés à la fois.

Non seulement leur batellerie remonte déjà jusqu'à
Nanning-fou et prépare à leur commerce la voie de Pe-
se, mais un péril plus grave menace à l'Ouest le succès
de notre pénétration au Yun-nan.

Depuis plusieurs années, leur chemin de fer de Birmanie se ramifie au nord de Mandalay en trois embranchements, et ces trois voies différentes cherchent le défaut de la cuirasse qui protège le Yun-nan à l'ouest. Les
difficultés, bien que gigantesques, n'effraient point les
Anglais. La ligne qu'ils tentent de construire ne fera
jamais ses frais, mais les relations commerciales à établir entre la Birmanie et le Yun-nan ne constituent pour
eux qu'un côté de la question. Ce chemin de fer a une
importance politique et stratégique très supérieure à
l'intérêt économique : ce n'est point seulement le centre
d'une région minière que les Anglais cherchent à atteindre. C'est aussi et surtout du bassin du Yang-tse, dont
ils tiennent, à l'autre extrémité, le débouché fluvial.

Se réserver cette vallée comme sphère d'influence par
l'occupation des deux extrémités du fleuve; atteindre
la région du Se-tchouen, si riche, si peuplée et si variée
comme productions; établir une route — surtout militaire — entre l'Inde et leur nouvelle Egypte, tel est le
projet des Anglais[1].

1. Ce sont les idées que lord Curzon avait déjà souvent émises

Or le plateau du Yun-nan, comme l'Abyssinie sur le Haut Nil, surveille et commande cette route. A nous de l'occuper et d'y prendre position. Il en est temps encore.

****

Les pages qui précèdent montrent quelle importance a pris aujourd'hui la question des chemins de fer en Chine. En l'espace de quinze mois (février 1898 — mai 1899), deux réseaux complets de voies ferrées ont été projetés, concédés, et sont déjà commencés . En 1903, ils seront tout près d'être achevés .

Le premier, destiné à devenir la grande artère centrale de la Chine, est, dans sa partie Nord, construit ou patronné par les Russes. Son éloignement de la mer le met à l'abri des démonstrations de la flotte britannique.

Le second appartient aux Anglais et aux Allemands. Il dessert toute la côte depuis Chang-hai et Ning-po jusqu'à Tien-tsin. Bientôt il atteindra Niut-chouang, mais il est douteux qu'il dépasse ce centre commercial et que la ligne qui doit le relier aux voies de Mandchourie soit jamais construite.

Dans cette province, les Russes achèvent l'Est Chinois, dernier tronçon du Transsibérien, d'où partiront des embranchements vers les lignes de Corée et vers Port-Arthur. Enfin ils ont déjà commencé la ligne de Moukden à Pékin, destinée à rassembler le trafic des

en Angleterre. Maintenant qu'il est vice-roi des Indes, nul doute qu'il cherchera, avec plus d'ardeur encore, à faire triompher cette politique.

deux réseaux et à devenir le débouché unique de la Chine en Europe. Malgré tous ses efforts, le Foreign Office sort vaincu de la lutte engagée pour obtenir cette importante voie ferrée.

Par cette ligne, le gouvernement du tsar pourra transporter ses troupes sans transbordement, et en toute sécurité, jusqu'à la capitale du Céleste Empire. En tout cas, il pourra disposer du chemin de fer de Han-keou, centre du commerce d'un tiers de la Chine, et sera maître de l'embranchement qui, par Tai-yuen-fou, atteint Si-ngan-fou.

Cette ville, débouché de tout le Kan-sou, ne sera pas reliée au Yang-tse, et la Russie tient ainsi l'unique voie de retraite de la cour chinoise, en cas de danger du côté de la mer.

Mais cette route est aussi celle des caravanes qui s'en vont de là jusqu'à Kachgar et mettent en communication la Chine avec l'Asie centrale : *L'embranchement de Si-ngan-fou n'est que l'amorce d'un nouveau transasiatique qui reliera Pékin à Samarcande et marquera, dans quelques années, la frontière méridionale de l'empire des tsars en Asie.*

L'influence que prennent les Russes dans la vallée du Hoang-ho supérieur barre la route aux Allemands et ne leur laisse que le bassin inférieur de ce fleuve.

Les Anglais qui n'ont pu conduire leur chemin de fer de Tchin-kiang jusqu'à Pékin sont ainsi rejetés, loin du pouvoir central, dans le bassin du Yang-tse. Depuis longtemps ils le convoitent, mais les derniers événements et la récente convention avec les Russes vont les décider à y concentrer leurs efforts et hâter leur **action.**

De jour en jour les partisans de la porte ouverte deviennent plus rares, et le démembrement de la Chine est imminent.

Le récent accord anglo-russe (28 avril 1899) [1] n'est

1. Les négociations qui aboutirent à cette convention ont été exposées en détail dans un *Blue Book* spécial publié en juin 99. Le point de départ fut un entretien entre M. Balfour et le nouveau chargé d'affaires à Londres, M. Lessar, à propos de l'ingérance du gouvernement russe dans l'affaire du chemin de fer de Niut-chouang. M. Balfour s'étant plaint de nouveau que le gouvernement du tsar fût intervenu dans la concession Pekin-Han-keou, par l'intermédiaire de la Banque russo-chinoise, M. Lessar affirma que celle-ci n'y prenait aucune part ; il ajouta que ce reproche était d'autant moins fondé que la Russie n'avait même pas l'argent suffisant pour ses propres chemins de fer (Transsibérien et Transmandchourien), que par suite elle avait tout intérêt à ce que la ligne de Niut-chouang pût être construite avec l'appui financier de l'Angleterre. Lui-même, disait-il en terminant, était très partisan d'une entente anglo-russe qui répartirait — au point de vue chemins de fer et mines — les régions réservées à l'activité *industrielle* de chaque pays.

Sans vouloir cependant s'engager, M. Balfour répondit qu'il accueillait avec faveur l'idée d'un partage des sphères d'intérêt des différentes puissances *même* si cet arrangement devait laisser tout le pays ouvert au commerce, sans distinction de nationalité. (Depuis un *erratum* est venu rectifier cette phrase de la publication officielle et lui donner une tout autre signification. Le sens définitif est le suivant : un partage des sphères d'intérêts laissant *d'ailleurs* tout le pays ouvert au commerce de tous. Il est, comme on voit, très différent du premier ; il paraît singulier que cette erreur ait échappé lors de l'impression du *Blue Book*.

Les négociations entamées sur cette première base se poursuivirent pendant plus de 6 mois, l'Angleterre voulant donner à cet accord plus d'extension et d'importance que n'en comportaient les premières ouvertures de M. Lessar. la Russie, méfiante et craignant d'être dupée, traînant les choses en longueur. Maîtresse, en fait, de la Mandchourie — ce qui n'est pas encore le cas de l'Angleterre dans la vallée du Yang-tse — elle ne voulut pas fournir une arme nouvelle aux visées politiques de la Grande-Bretagne sur cette région. Toute l'influence de M. de Witte, qui venait de **remettre au tsar son fameux rapport anglophile, ne put décider les** autre chose qu'un protocole concernant les voies ferrées, mais il aura d'importants résultats : les lignes concentrent le trafic des régions traversées et groupent celles-ci d'une façon plus étroite : les réseaux constituent un nouveau squelette au vaste organisme qui se désagrégeait, mais les rivalités économiques créent autour de chacun d'eux des fossés profonds, destinés à devenir les lignes de rupture du vieil Empire que l'Europe va se partager.

La question est donc grave et la solution est proche.

Dans cette lutte pour la concession des voies ferrées, la part de la France a été modeste, et se borne à la région du Yun-nan, *arrière-pays* naturel du Tonkin. C'est une raison de plus pour en tirer tout le parti possible et exiger que nos droits soient sauvegardés.

Or nos rivaux projettent de Birmanie vers le Yang-tse une voie ferrée qui menace notre pénétration au Yun-nan.

Il faut s'en rendre compte, y veiller, prévoir un conflit possible, et le prévenir sans reculer.

deux autres membres du conseil (qui comprenait l'Empereur, le ministre des affaires étrangères et le ministre des finances) à comprendre dans cet accord autre chose que les voies ferrées à construire.

Lors de la signature de la convention, le gouvernement anglais ne put que manifester ses regrets de voir que cet accord n'avait pas la portée qu'il avait espéré tout d'abord lui donner.

APPENDICE II

LA QUESTION DE LA CONCESSION FRANÇAISE A CHANG-HAI[1]

La question de l'agrandissement de la concession française à Chang-hai a donné lieu, depuis près de deux ans à de longues et difficiles négociations : elle a été pour nous une source de difficultés dont notre diplomatie n'a pas encore triomphé. Nous voudrions essayer, dans ces quelques pages, d'exposer les origines de la question actuellement pendante, d'en déterminer le caractère et d'en faire saisir la portée.

On sait que la Chine est encore loin d'être complètement ouverte aux étrangers. Ceux-ci ne peuvent « louer ou construire des maisons ou des magasins pour déposer leurs marchandises[2] » qu'en un certain

1. Voyez la *Revue des Questions diplomatiques et coloniales* du 1er août 1899.
2. Art. XXII du traité sino-français de 1844.

nombre de ports, dans les limites d'un terrain qui leur est parcimonieusement mesuré. Tous ceux qui y résident, étrangers ou indigènes, jouissent de l'extraterritorialité; ils ne sont pas soumis à la juridiction chinoise, mais à celle du pays auquel fut accordée la *concession*.

Ce mot est le seul que nous ayons en français pour désigner la chose; les Anglais, qui en ont deux, — *concession* et *settlement,* — profitent de cette variété d'expressions pour établir une distinction entre les deux termes; ils emploient le premier — avec l'idée qu'il implique d'une *concession de territoire* — pour les points qui furent ouverts au commerce étranger par le traité de Tien tsin (1858) et par les conventions postérieures. Le mot *settlement* leur sert à désigner plus spécialement les terrains réservés aux étrangers dans les cinq ports où le traité de Nanking (1842) leur donna simple permission de résider et de commercer : dans ceux-ci — et Chang-hai est du nombre — le sol est censé appartenir au Fils du Ciel.

Cette distinction n'a, dans la pratique, que très peu d'importance, et pendant 40 ans personne n'y prit garde : elle servit seulement aux Anglais, désireux d'embrouiller la question, lorsqu'ils inaugurèrent, il y a juste un an, la série des actes, *peu amicaux* pour nous, auxquels l'affaire de la concession de Chang-hai a servi de prétexte.

Mais notre situation dans ce grand port chinois et celle des autres étrangers ont été présentées sous des couleurs si fausses qu'il importe tout d'abord de bien établir quels sont nos droits et quels sont ceux des autres nations, des Anglais en particulier. Pour tout ce paragraphe, afin de ne pas être accusé de partialité,

nous emprunterons nos citations à un memorandum [1]
qui fut adressé, le 7 mai 1897, par la *China Association* de Chang-hai, au ministre d'Angleterre en
Chine. La consigne n'avait pas encore été donnée de
combattre ni même de nier les droits de la France;
cette note était destinée à attirer l'attention du Foreign
Office sur les droits que l'Angleterre avait laissé tomber en désuétude, et à lui demander de les remettre en
vigueur. Tout au contraire, nous avions eu soin de
conserver et de maintenir les nôtres : de l'inégalité de
situation qui en résulte, découle toute la question.

La concession française de Chang-hai nous fut accordée en 1849 en exécution du traité signé cinq ans plus
tôt. Celle des Anglais date de 1844.

Toutes deux furent gérées par leurs consuls respectifs jusqu'en 1854. Les autorités des deux pays s'entendirent alors pour adopter un règlement d'administration unique. Cet accord permit de simplifier les formalités de location des terrains, et tout étranger put se
contenter de faire enregistrer son bail — équivalent en
fait à un véritable achat, frappé d'un impôt annuel —
au consulat de son pays, tandis qu'autrefois le consul
de chaque concession avait seul le droit de délivrer ces
titres.

Mais cette entente ne fut pas de longue durée :
en 1862, les autorités françaises reprirent leur liberté

1. Publié dans le *Blue Book* de 1899 sur les affaires de Chine
nº 319, pièce 2, pp. 224 et suiv.

d'action et de nouveau exercèrent leur droit de contrôler toutes les affaires municipales intéressant les étrangers ou les Chinois. Que firent alors les Anglais? Le memorandum indiqué plus haut nous renseigne très explicitement à cet égard :

« Quand les Français se retirèrent du système com-
« mun d'administration cosmopolite, *il était loisible*
« *à la Grande-Bretagne de suivre cet exemple;*
« mais comme les États-Unis étaient, en pratique, les
« seuls intéressés à la question, *il sembla d'autant*
« *plus judicieux de n'en rien faire* qu'en 1863 les
« locataires de la concession américaine (obtenue
« l'année précédente) s'entendirent avec les Anglais
« pour ne constituer qu'une même municipalité. Le
« nombre des puissances à traité se trouvant alors très
« limité, on ne pouvait prévoir que, par suite de cet
« accord, les rapports du gouvernement municipal
« avec les autorités chinoises pussent échapper aux
« mains de ceux qui y étaient les plus intéressés. Mais,
« comme conséquence de cet arrangement et par suite
« du nombre toujours croissant des puissances à traité,
« il est advenu que les affaires de la *communauté*
« *établie dans la concession anglo-américaine*
« sont aujourd'hui dirigées par un corps consulaire
« qui représente 14 nationalités différentes, tandis que,
« du côté français, la seule autorité reconnue est le
« consul de France. *Ceci est déjà suffisamment anor-*
« *mal puisqu'au début les deux concessions fran-*
« *çaise et anglaise se trouvaient dans les mêmes*
« *conditions, et la situation actuelle risque d'être*
« *mal comprise par les Chinois.* Mais il existe, en
« outre, un motif plus sérieux :

« Jusqu'à l'établissement (en 1869) de la Cour des
« consuls (approuvée par les cinq ministres des puis-
« sances à traité, comme une expérience provisoire) et
« pendant quelques années après, il fut généralement
« admis qu'en matière de gouvernement local les rap-
« ports de la communauté, c'est-à-dire de la munici-
« palité, auraient lieu par l'intermédiaire du consul
« de la Grande-Bretagne ou des États-Unis ; mais,
« depuis 1877, la fonction de doyen du corps consu-
« laire a été revendiquée et exercée, non seulement par
« les représentants de l'Allemagne, du Portugal et de
« la Belgique, mais aussi en deux occasions, par le
« consul français qui se trouvait ainsi représenter en
« même temps la haute autorité sur les deux conces-
« sions. *Les résultats de cette coïncidence, qui peut*
« *se renouveler à tout moment, sont essentielle-*
« *ment préjudiciables aux intérêts anglais.* »
Telle est, très clairement exposée, avec toutes ses
conséquences, la situation *préjudiciable aux intérêts
britanniques* qui résulte de ce simple fait que les
Anglais, appliquant leurs principes libre-échangistes
d'alors, liés par des engagements vis-à-vis des Américains, ouvrirent la concession, qu'ils avaient faite commune, aux différentes nations étrangères maintenant
représentées à Chang-hai. Nous devons surtout en rete-
nir ces aveux : que « l'Angleterre pouvait, comme la
France, reprendre sa liberté d'action ; elle trouva *plus
avantageux* de n'en rien faire », et la conclusion
s'impose qu'elle est seule responsable de la situation
qu'elle s'est librement créée. Notons encore qu'à Chang-
hai, outre la concession française, il n'existe point,
comme le Foreign Office cherche actuellement à le faire

croire, une concession *cosmopolite*, mais *une communauté établie dans la concession anglo-américaine.*
Celle-ci, il est vrai, est actuellement ouverte à tous,
mais le même memorandum de la *China Association*
n'ajoute-t-il pas : « D'après le récent traité sino-japonais, la Grande-Bretagne pourrait réclamer des droits
exclusifs dans sa concession primitive si cette mesure
semblait jamais politique ou nécessaire [1]. »

C'est plus qu'il n'en faut pour montrer combien sont
légitimes nos prétentions à *des droits exclusifs de
juridiction* sur notre concession. Aujourd'hui les
Anglais cherchent à les nier, mais il ne faut point s'y
tromper : ce n'est qu'un expédient inventé par eux pour
ruiner la situation avantageuse due au maintien de
nos droits, tandis que les Anglais regrettent d'avoir
laissé tomber les leurs en désuétude et de ne pouvoir
modifier l'attitude qu'ils ont cru *plus judicieux* de
prendre en 1862.

Les difficultés qu'ils nous suscitent à Chang-hai depuis
un an n'ont point d'autre cause. Nous en trouvons
l'aveu brutal dans un memorandum adressé un an
plus tard au Foreign Office par le Comité central de
la *China Association* (5 sept. 1898). Depuis le mois
de mai précédent, sur un mot d'ordre venu de Londres,
la thèse soutenue s'était bien modifiée ; il ne s'agissait
plus de revendiquer les droits auxquels peut prétendre l'Angleterre, en vertu de la clause de la nation la
plus favorisée, mais bien de nier ceux de la France,
nos voisins trouvant *impolitique* de faire revivre les
leurs.

---

[1]. En vertu de la clause de la nation la plus favorisée.

« C'est cette attitude d'isolement, et les prétentions exclusives qu'elle implique, qui provoque notre hostilité à leurs demandes actuelles[1]. »

Et plus loin :

« Des prétentions supérieures à celles réclamées par les autres puissances sont contestables[2]. »

La question est donc bien posée, et le but à atteindre nettement défini : la France possède à Chang-hai, grâce à l'isolement dans lequel elle s'est maintenue, une situation que l'Angleterre n'a pas su conserver, et qu'aujourd'hui elle ne juge pas encore *politique ou nécessaire* de réclamer. Cette inégalité, qui n'est pas en faveur du prestige britannique, est donc *contestable*. Il s'agit de la faire cesser.

Pour porter remède à cet état de choses, il faut amener la France à abandonner cette attitude d'isolement, et la tactique adoptée est très simple : s'opposer à ce que satisfaction soit donnée à nos besoins les plus urgents; empêcher nos intérêts de subsister et de se développer, à moins que nos nationaux ne consentent à se laisser absorber dans une vaste communauté cosmopolite dont l'Angleterre prendra facilement la tête et la direction, grâce à la supériorité de son commerce et de son outillage économique.

Nous avons indiqué, dans les lignes qui précèdent, la raison de l'hostilité déployée par le gouvernement bri-

1. *Blue Book*, n° 319, p. 220.
2. *Blue Book*, n° 319, p. 221.

tannique. Nous allons maintenant montrer dans quelles circonstances elle trouva prétexte à se manifester.

L'occasion dont il profita fut une demande d'extension de la concession française, le terrain accordé au début ne suffisant plus aux besoins actuels. La nécessité d'un agrandissement se faisait également sentir pour le « *settlement* » anglo-américain, surtout depuis la guerre japonaise qui fut suivie de très grands efforts de la part des étrangers pour hâter le développement économique de la Chine. Non seulement la place fait défaut sur les concessions devenues trop étroites, mais celles-ci sont entourées de faubourgs indigènes dont la malpropreté est une cause d'insalubrité très sérieuse pour les quartiers européens qu'ils avoisinent.

L'urgente nécessité d'apporter un rémède à cette situation provoqua le 17 juin 1898 une réunion de la chambre de commerce de Chang-hai. Cette institution *internationale* convoqua tous les consuls et tous les résidents de la ville et l'assemblée décida, à l'unanimité, de demander aux ministres à Pékin d'oublier un instant leurs rivalités et d'insister « immédiatement, individuellement et collectivement » auprès du Tsong-li-Yamen pour que l'assentiment impérial fût enfin donné à la *demande d'extension des concessions étrangères*.

Ce projet existait en effet; la question, étant d'importance, avait été examinée depuis longtemps par le corps diplomatique à Pékin et un plan, où se trouvait indiqué l'agrandissement des concessions — y compris la nôtre — fut même présenté au Yamen dès le 29 mars 1896, après avoir été adopté et signé de tous les ministres étrangers. Pourquoi le gouvernement chinois, généralement plus conciliant devant une semblable démarche collective, n'y donna-t-il pas son approbation immédiate? Des influences particulières détruisirent-elles cette entente? Toujours est-il qu'au bout de 18 mois (fin de 1897) les ministres invitèrent leurs consuls à s'entendre directement avec les autorités locales. Mais cette nouvelle tentative (février-mars 1898) ne réussit pas mieux que la précédente, et de nouveau les résidents de Chang-hai s'adressèrent à Pékin, au sortir de cette réunion de la chambre de commerce.

Les négociations en étaient là quand un incident de cimetière — dont notre concession fut le théâtre — vint compliquer la situation.

Dans le Céleste Empire, ces questions de cimetière jouent un grand rôle ; elles sont d'autant plus délicates que la véritable religion des Chinois est le culte de leurs morts et de leurs ancêtres ; il ne faut les soulever qu'avec la plus grande circonspection.

Or une enclave, en pleine concession française, comprend la Guilde des gens de Ning-po, leur temple et le cimetière où les cercueils de leurs compatriotes sont déposés en attendant d'être transportés à leur ville d'origine, car on sait que le corps de tout Céleste doit être enseveli dans le lieu qui l'a vu naître. Cette enclave, par sa situation et surtout sa destination, était une grande gêne pour nous et, qui plus est, une menace d'infection et d'épidémie. Depuis longtemps il était question de l'exproprier ; la chose n'allait point sans de grandes difficultés et plusieurs fois déjà des négociations entamées à ce sujet n'avaient pas abouti [1].

---

1. Sur le terrain à exproprier, la municipalité avait l'intention de bâtir un hôpital, une école et d'y établir un *abattoir* : l'idée, il

En mars 1898, la nouvelle demande d'agrandissement des concessions étrangères ayant eu le même
insuccès que la première, la municipalité française résolut au moins d'en finir avec cette irritante question
de la Guilde de Ning-po et prévint celle-ci qu'on lui
laissait trois mois pour s'établir dans la ville chinoise
et enlever les tombes et les cercueils qui peuplaient
le cimetière : la prudence commandait de laisser les
Célestes effectuer eux-mêmes cette opération délicate.
Mais ceux-ci laissèrent le temps s'écouler, sans rien
faire. Quelques jours avant la fin du délai, la municipalité prévint les membres de la Guilde qu'à la date
fixée (16 juillet) elle prendrait elle-même possession
du terrain. Aucune réponse ne fut faite à ce dernier
avertissement et le 16 au matin, 150 matelots de
l'Eclaireur vinrent protéger les travailleurs qui, la
pioche en main, commencèrent à démolir le mur du
cimetière.

Le lendemain, la foule ameutée se risquait à lancer
des pierres; serré de près, un poste de police ouvrait
le feu, soutenu par nos matelots, et quelques morts et
blessés restaient sur le terrain tandis que les Chinois
s'enfuyaient ; mais, en même temps, boutiques et
banques se fermaient partout.

Quelques gros commerçants natifs de Ning-po, craignant que la foule ne les rendît à juste titre responsa-
bles de la cessation du travail, furent assez habiles
pour obtenir du consul de France qu'un nouveau
délai d'un mois leur fût accordé et permit à la Guilde
« d'arriver à un arrangement à l'amiable ».

faut l'avouer, était malheureuse et ne fut peut-être pas complètement étrangère aux difficultés qui suivirent.

« Je ne crois pas, disait le consul anglais en terminant sa lettre du 18 au ministre de la Reine, qu'ils aient réellement l'intention de céder le terrain ; mais une grande partie de leurs biens sont en jeu et ils craignaient, au cas où ils ne rapporteraient pas à la foule quelque vague promesse d'entente, que la nuit ne se passât point sans qu'il y eût des crimes et des incendies [1]. »

Lui, du moins, semble s'être rendu un compte exact de la situation.

Depuis, nous en sommes toujours au même point. Le cimetière n'est pas exproprié et, tandis que l'extension de la concession des Anglo-Américains leur a été consentie, nous n'avons pu obtenir l'agrandissement qui nous était nécessaire.

L'histoire de ces négociations infructueuses forme la dernière partie de notre étude.

Après avoir montré quelle était notre situation légale à Chang-hai, et combien étaient légitimes nos prétentions à des droits exclusifs sur notre concession, après avoir rappelé que la nécessité d'une extension de notre établissement avait été reconnue par tous, et noté les regrettables incidents auxquels donna lieu la mauvaise volonté des Chinois dans l'affaire de la Guilde de Ning-po, nous pouvons mieux apprécier le succès remporté par l'Angleterre dans des conditions qui semblaient tout d'abord si désavantageuses pour elle. En l'absence de tout Livre

1. *Blue Book*, n° 309, p. 213.

Jaune, le *Blue Book* nous apprendra du moins comment nos demandes furent vigoureusement combattues par le gouvernement britannique et comment l'opposition qu'elles rencontrèrent fut toujours aussi forte, bien qu'elles se fissent de plus en plus modestes, tant il est vrai *qu'avec cette puissance les concessions, loin d'être un gage d'entente cordiale, sont un aveu de faiblesse qui excite de nouveaux appétits* [1].

Nous avons vu plus haut qu'au mois de juin 1898 tous les résidents de Chang-hai demandèrent au corps diplomatique à Pékin de renouveler leur demande collective auprès du Tsong-li-Yamen pour qu'il fît droit à *la demande d'extension des concessions étrangères.* A quelle date avons-nous séparé notre cause de celle des autres puissances intéressées ? Est-ce avant ou après l'incident du cimetière ? L'absence de documents ne nous permet point d'élucider cette question. Ce qui est certain, c'est qu'au mois d'août les demandes présentées par la France englobaient quelques quartiers chinois voisins de notre concession et comprenaient en outre, dans le faubourg de Pootung [2], le bord de la rivière en face de l'emplacement qui nous est réservé. Ce terrain est destiné dans l'avenir à acquérir une grande valeur quand les Européens pourront légalement s'y établir, et c'était évidemment une excellente spéculation, à condition qu'elle réussît ; mais son importance même devait

---

1. Voir n° 57 de *la Revue des Questions diplomatiques et coloniales :* les Carolines, par M. Henri PENSA, p. 305.

2. C'est le quartier que la carte ci-jointe indique sous le nom de **Foo-Tung.**

amener des difficultés qui ne tardèrent pas à se produire.

Le 27 août, le consul anglais, consulté au sujet de nos propositions, télégraphiait à Sir Cl. Mac-Donald que *les intérêts commerciaux des sujets britanniques n'étaient pas en cause, pourvu que la rive de Pootung ne fût point comprise dans les demandes françaises* [1]. C'est dans cet ordre d'idées que le ministre d'Angleterre intervenait auprès du Tsong-li-Yamen (milieu de septembre), en même temps qu'il demandait quelques éclaircissements sur ce sujet à notre ministre en Chine.

Et celui-ci répondait aussitôt :

« Je vais immédiatement éclaircir la situation que vous me signalez et sur laquelle je n'ai point de renseignements précis, et je vous écrirai pour vous renseigner [2]. »

Mais, tandis que les représentants du gouvernement britannique ne contestaient que notre demande de Pootung, la *China Association* de Chang-hai, toujours très remuante [3], adressait notes sur notes à Londres et à Pékin pour qu'on nous refusât non seulement l'établissement demandé sur l'autre rive du Whampoo [4], mais encore le droit d'englober les propriétés étrangères

---

1. *Blue Book*, n° 370, pièce 1.

2. *Blue Book*, n° 384, pièce 2.

3. Depuis l'incident du cimetière, elle était plus effrayée que jamais et voyait partout de nouvelles causes de troubles. Il est en effet curieux de constater combien ces colonies européennes en Chine, qui cependant résident depuis longtemps au mileu des indigènes et sembleraient devoir être faites à ce genre de vie, sont prêtes à s'affoler rapidement.

4. Nom chinois de la rivière de Wousung, indiquée sur la carte.

situées sur les terrains que nous demandions à annexer dans la direction de Sicawei. Et cependant il ne faut pas oublier que les Européens, qui se sont risqués à s'établir hors de la limite des concessions, ne l'ont fait qu'à leurs risques et périls ; ils n'ont pu acheter ou louer des terrains qu'au titre chinois, sous le nom d'un indigène ; officiellement, celui-ci est le seul intéressé et son gouvernement peut seul intervenir. L'immixtion des autorités anglaises était donc complètement abusive.

D'ailleurs les prétentions de la *China Association* ne se bornaient pas là et nous contestaient le droit d'exiger que les titres d'un propriétaire anglais, sur notre concession, fussent enregistrés au consulat de France. Or on a vu plus haut que nous avons toujours maintenu nos droits exclusifs de juridiction sur *notre* concession et que, même si nous les avions abandonnés momentanément, le nouveau traité sino-japonais nous donnerait, comme à l'Angleterre, le droit de les remettre en vigueur, en vertu de la clause de la nation la plus favorisée.

Toutes ces exigences, que rien ne justifiait, le gouvernement de la Reine les soutint et les émit à son tour. C'était alors l'heure grave et triste où l'on décidait d'évacuer Fachoda : en Extrême-Orient, comme partout ailleurs, notre politique subit les conséquences de ce que l'on a cru bon d'appeler dédaigneusement « *l'abandon d'un carré de choux* ».

En décembre, nous avions déjà cédé sur la question de Pootoung et consenti à ce que les actes des propriétés britanniques sur notre concession pussent être simplement enregistrés au consulat d'Angleterre ; mais, à mesure que nous cédions, l'opposition du gouvernement anglais n'était nullement désarmée : celui-ci émettait toujours de nouvelles exigences et maintenant refusait d'admettre que, dans l'extension qui nous serait accordée, les propriétés britanniques, même en dehors des *settlements,* puissent être comprises.

Celles-ci se trouvent disséminées de tous côtés, et cette défense, qui les faisait plus sacrées et plus intangibles que les cimetières chinois eux-mêmes, équivalait en fait à un veto formel mis par l'Angleterre à tout développement de notre concession.

D'ailleurs le gouvernement britannique ne s'en cachait plus et refusait d'examiner nos propositions, qui admettaient cette prétention, pourtant injustifiée, et laissaient de côté les points occupés par les Anglais, et il ajoutait : « *Les garanties offertes pourraient être retirées*[1]. »

Le 3 décembre 1898, comme le consul de France était remonté à Nankin sur un navire de notre division et insistait auprès du vice-roi pour que satisfaction nous fût enfin donnée, un croiseur anglais mouillait aussitôt devant la ville, puis un second et enfin un troisième sur la demande de Lord Salisbury « pour aider le vice-roi dans sa résistance aux demandes françaises[2] ». En même temps le contre-amiral Beresford, que sa mission *commerciale* amenait justement à Nankin, déclarait au vice-roi Liu-Kouen-Yi que son acquiescement aux demandes de la France serait le signal d'une nouvelle émeute à Chang-hai, que nos prétentions étaient

____

1. *Blue Book,* n° 446.
2. *Blue Book,* n° 437.

exorbitantes, et insinuait que notre consul avait dû dépasser ses instructions[1].

Pour définir exactement la situation à cette date, il nous suffit de citer la dépêche que Lord Salisbury envoyait à Sir Cl. Mac-Donald le 9 décembre 1898 :

« *Pressez le gouvernement chinois de refuser l'extension de l'établissement français à Chang-hai*, mais d'offrir à la place une augmentation de l'établissement international, où les demandeurs français pour terrains pourront obtenir ce qu'il leur faut[2]. »

En même temps la diplomatie britannique insistait pour obtenir l'agrandissement du *settlement* anglo-américain ouvert à tous les étrangers. Le 21 juillet 1898, le correspondant chinois du *Times* avisait son journal que cet agrandissement était accordé et que l'arrangement avait été signé et ratifié par tous les ministres étrangers à Pékin, sauf ceux de France et de Russie.

Ainsi la France continuait à demander l'exécution de l'arrangement du 19 mars 1896, consenti par toutes les puissances; et la Russie semblait disposée à la soutenir. La politique anglaise, en effet, est dirigée contre la Russie aussi bien que contre la France.

L'objectif des Anglais apparaît clairement : empêcher qu'aucune satisfaction ne nous soit accordée, à moins que nous ne consentions à nous laisser absorber dans une vaste concession *qui ainsi deviendra cosmopolite*. Car, nous l'avons vu plus haut et les docu-

1. *The Break-up of China,* par le contre-amiral lord Ch. Beresford, pp. 110, 111.
2. *Blue Book*, n° 416.

ments anglais eux-mêmes en font foi, il n'y a pas à Chang-haï un établissement international, comme le prétend Lord Salisbury, mais une concession anglo-américaine qui se trouve maintenant ouverte à tous ; et il y a aussi une concession française que nous voulions maintenir autonome.

Mais c'est justement cet état de choses que les Anglais ne veulent point laisser subsister, et le dilemme qu'ils nous posent est le suivant :

« *Ou vous ne vivrez point, ou vous vivrez, absorbés et dirigés par nous.* »

La menace est très claire ; jusqu'ici elle semble en partie réalisée. La question qui se pose aujourd'hui est la suivante :

Devons-nous céder, faire bon marché de la situation que nous avons su maintenir, et prendre rang dans la file en tête de laquelle marche l'Angleterre ? — Ou bien devons-nous résister, conserver l'autonomie et l'indépendance qui jusqu'ici nous aidaient à conserver quelque prestige aux yeux des Chinois ? Dans ce dernier cas, il importe que prompte satisfaction soit accordée à nos demandes.

Mais ce que nous ne devons plus oublier désormais — car Chang-haï après Fachoda est une nouvelle leçon dont nous devons faire notre profit — c'est que nos droits les plus légitimes ne valent qu'autant que nous sommes à même de les soutenir *par la force.*

*
* *

Peut-être une tardive et incomplète satisfaction finira-t-elle par nous être accordée.

Les pages qui précèdent n'en conserveront pas moins leur valeur : l'affaire de Chang-hai n'est pas un fait destiné à rester isolé. Ce ne fut qu'une manifestation de l'hostilité britannique à laquelle nous nous heurtons actuellement en Extrême-Orient et c'est là ce qui fait toute sa gravité et son importance.

« La situation actuelle risque d'être mal comprise par les Chinois, » disait le memorandum de la *China Association* que nous avons cité au début de cette étude. Prenons-y garde : c'est ce *malentendu* qu'ils veulent faire cesser, et cela non seulement à Chang-hai, mais dans toute la Chine. L'affaire que nous venons d'exposer, nous la verrons bientôt renaître en tel ou tel autre point du Céleste Empire. Le fond même de la question restera identique : *les Anglais ne veulent pas admettre que nous puissions avoir en Chine des droits exclusifs*. C'est ce qu'ils appellent la *question de la porte ouverte*.

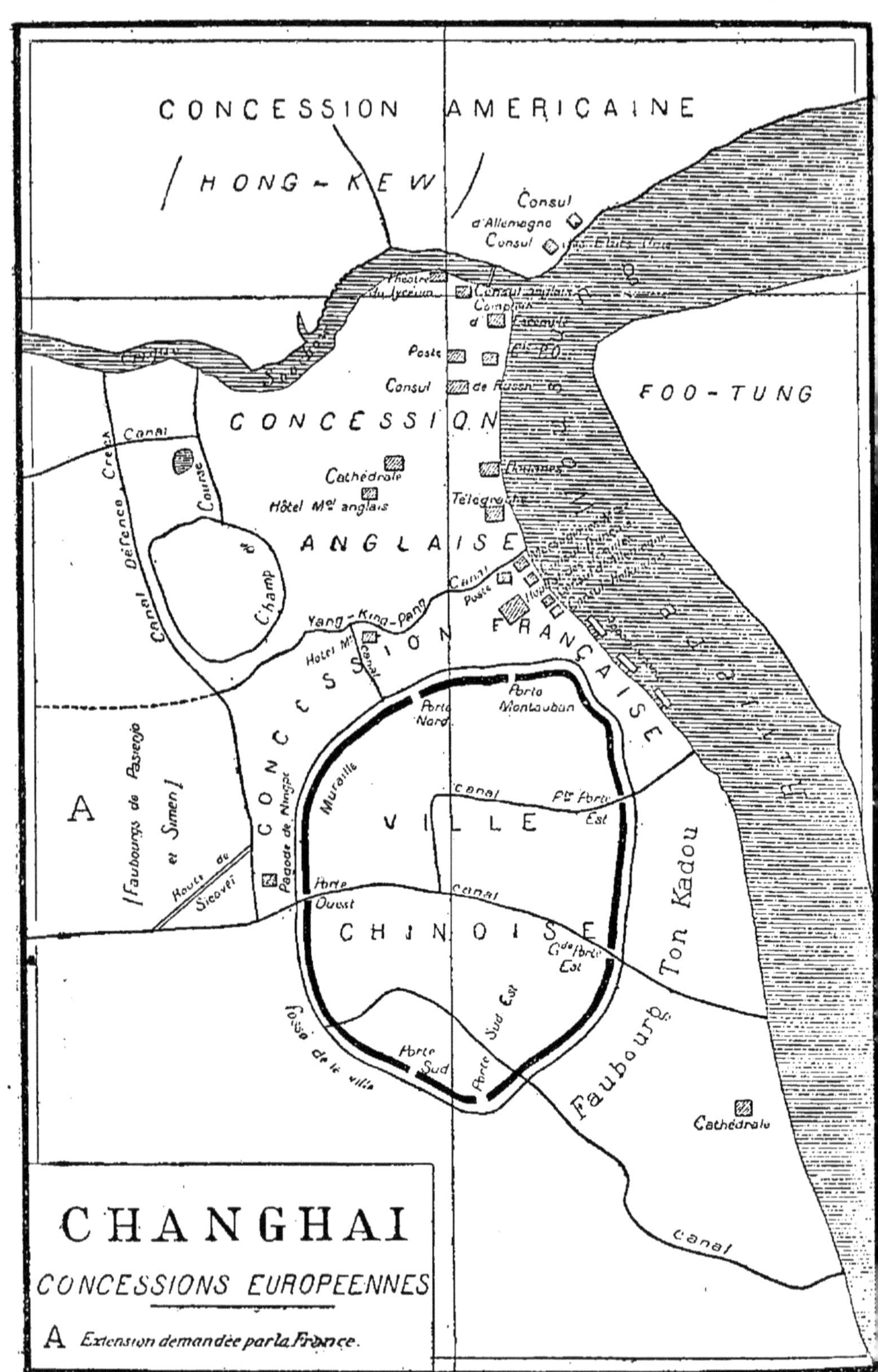

PLAN DE CHANG-HAI

APPENDICE III

L'EXTENSION DE HONG-KONG[1]

Le 9 juin 1898, les Anglais ont obtenu du Tsong-li-Yamen une extension considérable de leur possession de Hong-kong, qui comprend maintenant toutes les îles et la presqu'île voisines. La carte ci-jointe montre toute l'importance de cette acquisition. A vrai dire, celle-ci est sous la forme d'une cession à bail pour 99 ans, mais on sait ce qu'il faut penser de ces locations gratuites et de longue durée.

C'est en 1841 que les Anglais débarquèrent pour la première fois — mais pour n'en plus sortir — sur le rocher aride et désert qui, en moins de 50 ans, abrita l'un des plus grands ports du monde. Cette prise de possession fut confirmée par le traité de Nankin (août 1842), et la délimitation du territoire cédé fut régularisée au traité de Tien-tsin (1860). Jusqu'à l'année dernière, l'établissement des Anglais se composait de l'île dont il a pris le nom, d'un îlot (I. Lamma) qui forme un des côtés de la passe Sud et, sur le continent,

1. Voyez la *Revue des Questions diplomatiques et coloniales* du 15 août 1899.

d'une pointe de la presqu'île de Kao-loung qui leur assurait la possession des deux rives de cette belle rade en forme de croissant.

Les deux passes qui y conduisent se trouvaient donc, entre leurs mains, barrées par des torpilles de tout genre. Dans l'île même de Hong-kong, et jusqu'à mi-hauteur du pic qui se trouve à 550 mètres d'altitude, dans les îlots et la presqu'île, de nombreuses batteries complètent cette défense qui ne reçut tout son développement actuel qu'après notre guerre du Tonkin. Suivant son habitude, le gouvernement anglais feignit d'être effrayé des forces navales que nous avions alors réunies en Extrême-Orient ; il en prit prétexte pour demander d'importants crédits qui furent à peine discutés par le Parlement, et tout aussitôt se mit à l'œuvre d'après un plan bien arrêté d'avance.

Cette mise en état de défense fut facilitée par la configuration du terrain : l'île même de Hong-kong, dont la crête s'élève à plusieurs centaines de mètres au-dessus de la mer forme une véritable muraille qui rend impossible toute attaque et tout bombardement du côté du Sud. De tous les autres côtés, les ilots et la presqu'île, très mouvementés, forment un véritable chaos, dont les sommets, couronnés de grosses pièces, défendent les approches de la rade.

Mais la place, fortement protégée contre une attaque maritime, n'était pas absolument à l'abri d'une opération de longue durée ; une puissance qui eût jeté près de Kao-loung un important corps de troupes pouvait, si elle parvenait à s'y maintenir, espérer prendre la place à revers. A vrai dire, cette éventualité n'était guère probable. Les Anglais cependant ont voulu s'en préserver, et, dans un rapport de 1894, le conseil de défense réclama, pour la première fois, l'extension qui a été accordée l'année dernière.

Les raisons alléguées n'étaient point seulement le besoin d'avoir un champ de tir et un champ de manœuvres plus étendus, ainsi qu'un nouveau cimetière, mais surtout de reculer la défense, de s'opposer à ce que des bâtiments étrangers pussent faire l'hydrographie des deux baies qui s'avancent de chaque côté de de la presqu'île de Kao-loung, pour étudier les facilités qu'elles présentent à un débarquement. Il était important que les navires anglais fussent seuls autorisés à circuler librement dans les eaux avoisinantes pour en dresser la carte exacte, et, dès le début d'une guerre, les rendre impraticables en y semant quelques torpilles. C'était en quelque sorte une *zone militaire* qu'il fallait créer autour de leur position, et dont il fallait éloigner les navires étrangers dès le temps de paix. Enfin, il n'était pas moins important de pouvoir construire quelques ouvrages destinés à empêcher l'opération même du débarquement, si elle se produisait de ce côté.

Aussi, dès que la Chine eût fait droit aux demandes présentées par la France en compensation des avantages accordés à d'autres nations (Kiao-tcheou, Port-Arthur, Wei-hai-wei), le ministre britannique à Pékin reçut-il l'ordre de demander au Tsong-li-Yamen une importante extension de territoire autour de Hong-kong.

La dépêche que M. Balfour envoya, le 13 avril 1898, à Sir Cl. Mac-Donald est ainsi conçue [1] :

1. *Blue Book* de 1899 sur les affaires de Chine (vol. I) : n° 21.

« Informez le Yamen que, bien qu'il n'ait pas suivi
« notre avis, nous tenons à maintenir *autant que*
« *possible* l'intégrité de la Chine et que nous ne
« ferons pas de *nouvelles* demandes de concessions
« territoriales. Cependant il est absolument néces-
« saire, si nous devons poursuivre cette politique, que,
« de son côté, le Yamen se décide d'abord à terminer
« les négociations ayant pour objet :

« 1º De nous accorder tout le terrain nécessaire aux
« défenses militaires de Hong kong... ,etc. »

Nous n'insisterons pas aujourd'hui sur la façon
vraiment étrange dont le gouvernement britannique
entendait maintenir *l'intégrité de la Chine ;* remar-
quons seulement que, dans son esprit, la demande de
Hong-kong, après celle de Wei-hai-wei, constituait bien
une *nouvelle concession territoriale*, bien qu'il l'ait
nié dans la suite.

Les négociations entre le Tsong-li-Yamen et Sir
Cl. Mac-Donald commencèrent aussitôt; elles durè-
rent près de deux mois, et, pour les mener à bonne fin,
le gouvernement anglais dut accepter que, dans la
ville de Kao-loung, l'administration resterait chinoise
« autant que cette mesure serait compatible avec les
« nécessités de la défense de Hong-kong [1] ».

Il dut aussi promettre que les autorités locales mon-
treraient, dans la répression de la contrebande, plus
d'énergie que par le passé et tiendraient plus exactement les engagements pris avec la Chine. Ceci jette
déjà un jour assez étrange sur la façon dont le gouvernement britannique entendait jusque-là maintenir, et

1. *Blue Book*, nº 140.

même étendre au delà des limites de Hong-kong, la franchise de droits qui a fait en partie la fortune de ce grand port. Mais ce qu'il y a de plus curieux, c'est que cette demande du Tsong-li-Yamen fut suggérée par le Directeur des douanes, un Anglais, Sir Robert Hart, dont l'intégrité a fait beaucoup pour le bon renom de l'Angleterre auprès des autorités chinoises.

Notons encore que, dans la demande d'extension qui avait été proposée par le comité de défense colonial en 1894 et qui finit par être adoptée, les Anglais eurent soin de laisser de côté les chenaux conduisant à Canton « comme n'étant pas indispensables à la « défense de Hong-kong et capables, au contraire, « d'amener des représailles à l'entrée d'autres ports à « traité, *ce qui pourrait porter préjudice aux in-* « *térêts britanniques* [1] ».

Enfin il nous faut remarquer qu'une clause prévoit que « les bâtiments de guerre chinois, neutres ou au- « tres, pourront utiliser les baies de Mirs Bay et Deep « Bay, bien que celles-ci aient été cédées à bail à « l'Angleterre [2] ». La situation juridique de ces eaux est, en somme, mal définie et pourra dans l'avenir être une cause de difficultés, en cas de guerre dans ces régions. Aussi devons-nous noter avec soin que, dans cette même dépêche (26 mai 1898), où Sir Cl. Mac-Donald apprenait à lord Salisbury la nécessité de cette nouvelle clause, il s'empressait d'ajouter, pour répondre d'avance aux objections qu'il prévoyait : « D'ailleurs, si cette concession nous gênait dans la suite, nous

1. *Blue Book*, n° 46.
2. *Blue Book*, n° 86.

pourrions soit l'étendre à tous les belligérants, soit la restreindre[1] ».

L'Angleterre, ayant admis ces différentes prétentions de la Chine, obtint le territoire qu'elle réclamait, par la convention du 9 juin 1898 dont voici la traduction :

« Comme il a été reconnu depuis nombre d'années « qu'une extension du territoire de Hong-kong est né- « cessaire pour la défense même et la protection de la « colonie, il a été convenu entre les Gouvernements de « la Grande-Bretagne et de la Chine que les limites du « territoire britannique seront reportées, sous la forme « d'une cession à bail, jusqu'à comprendre le territoire « indiqué sur la carte ci-jointe[2]. Les frontières exactes « seront fixées ultérieurement, quand les levés auront « été effectués par les autorités désignées par les deux « gouvernements, Le terme de ce bail est de 99 ans.

« Il est aussi convenu que dans la ville de Kao-loung « les autorités chinoises qui y ont été placées continue- « ront l'exercice de leur juridiction sauf en ce qui sera « imcompatible avec la nécessité de la défense de Hong- « kong. Dans le reste du territoire concédé, la Grande- « Bretagne aura seule le droit de juridiction.

« Les autorités chinoises et les Chinois eux-mêmes « auront toute liberté de circuler sur la route de Kao- loung à Hsin-ngan.

« Il est en outre convenu que le débarcadère actuel « près de Kao-loung pourra être utilisé par les bâti- « ments de guerre et de commerce chinois, qui pour- « ront aller et venir et s'y arrêter à leur convenance,

---

1. *Blue Book*, n° 140.
2. C'est la carte que nous joignons à cette étude.

« et par les autorités chinoises et les Chinois de la ville

« Si la Chine construit dans l'avenir un chemin de
« fer jusqu'à la limite du territoire de Kao-loung, main-
« tenant placé sous le contrôle britannique, des arran-
« gements interviendront.

« Il est, en outre, entendu qu'il n'y aura ni expro-
« priation, ni expulsion des habitants du district com-
« pris dans l'extension, et que, si leur terrain est né-
« cessaire pour des bâtiments publics, des fortifications
« ou autres besoins de l'autorité, il sera acheté à un
« prix convenable.

« En cas d'extradition de criminel, celle-ci aura lieu
« d'après les traités existant entre la Grande-Bretagne,
« et la Chine et d'après les règlements de Hong-kong.
« Le territoire cédé à bail à la Grande-Bretagne,
« ainsi qu'il est indiqué sur la carte ci jointe, comprend
« les eaux de Mirs Bay et Deep Bay, mais il est con-
« venu que les bâtiments de guerre chinois, neutres ou
« autres, auront le droit de s'en servir comme aupa-
« ravant,

« Cette convention entrera en vigueur le 1er juillet
« 1898 ».

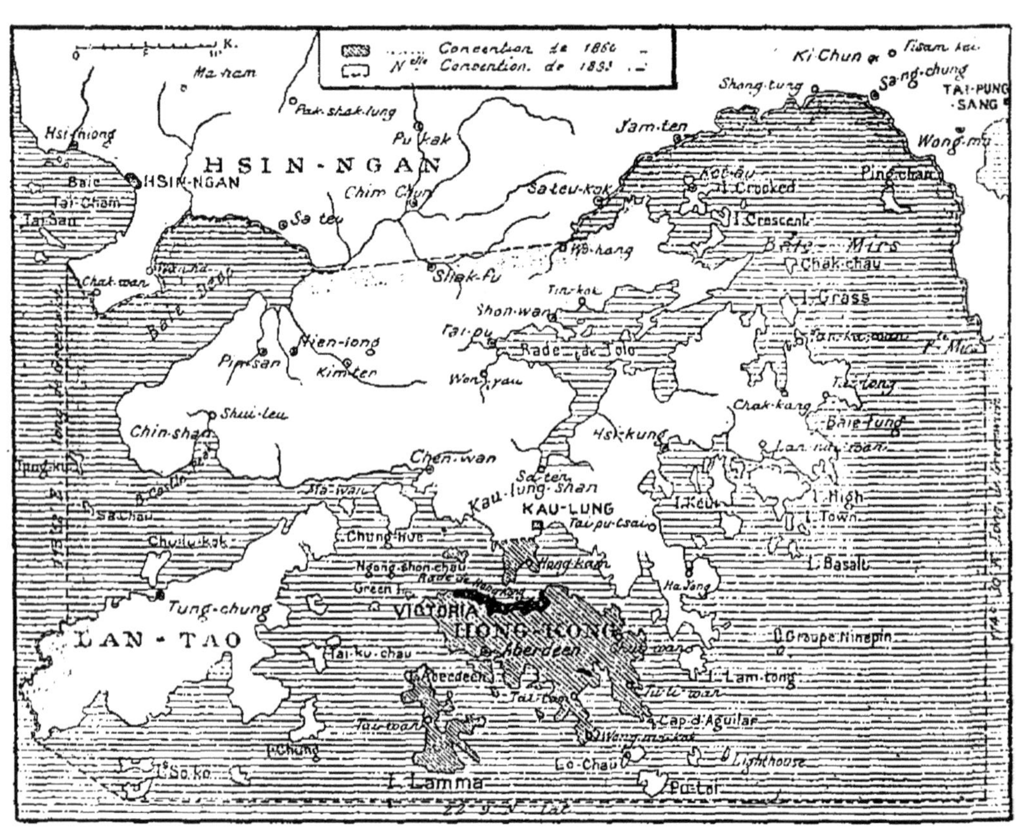

PLAN DE HONG-KONG

DOCUMENTS

DOCUMENTS

Extrait du **LIVRE JAUNE** sur les affaires de Chine
(1894-1898)

[Nous donnons cette lettre où sont exposés les principes directeurs de notre politique vis-à-vis de la Chine après l'affaire de Kiao-tcheou]

N⁰ 62

M. HANOTAUX, Ministre des Affaires étrangères au BARON DE COURCEL, Ambassadeur de la République française à Londres.

Paris, le 20 mars 1898.

Au cours de l'entretien que j'ai eu aujourd'hui avec l'ambassadeur d'Angleterre, il m'a demandé si je pouvais lui donner quelques renseignements sur ce qui touche aux pourparlers pendants entre la France et la Chine. J'ai répondu que je n'y voyais aucun inconvénient. Nos demandes sont venues les dernières, lui ai-je dit ; nous appréhendions, en effet, plus qu'aucune autre puissance d'ouvrir la question chinoise. Mais nous ne pouvions faire moins que d'autres qui n'ont, en Chine, ni le passé, ni la situation que la France s'est assurée par ses services et par ses traités, les traités nous assurent le traitement de la nation la plus favorisée ; en outre nos accords de 1896 [1] avec l'Angleterre nous donnent le droit de réclamer dans les deux provinces du Se-tchouen et du Yun-nan, tous les avantages obtenus par cette Puissance. Telle est la base juridique de nos revendications. Quant au principe qui nous guide il est éminemment conservateur. Nous demandons, avant toute chose, que certaines régions qui avoisinent nos possessions soient soustraites à toute chance d'aliénation à notre détriment. Nous pouvons aider ainsi au maintien du *statu quo* territorial, politique qui nous paraît la plus sage au point de vue général, de même qu'elle est la plus conforme à la sauvegarde de nos intérêts.

G. Hanotaux.

[1]. Il s'agit de la Convention du 15 janvier 1896, réglant les affaires du Siam.

Extrait du LIVRE JAUNE sur les affaires de Chine
(1894-1898.)

[Nous donnons ici cette communication du Tsong-li-Yamen à notre chargé d'affaires comme type de ce que l'on a
appelé les déclarations d'inaliénabilité. Toutes ont été faites
sur le même modèle ou peu s'en faut.]

N° 65 ANNEXE

TRADUCTION

LE TSONG-LI-YAMEN
*à M. DUBAIL, chargé d'affaires de la République
française à Pékin.*

Le 20° jour de la 3ᵉ lune de la 24ᶜ année Kouang-siu
(le 10 avril 1898)

Le 14ᵉ jour de la 3ᵉ lune de la 24ᵉ année Kouang-siu (le
4 avril 1898) nous avons reçu de Votre Excellence la dépêche suivante :

Pékin, le 4 avril 1898.

Dans la pensée d'assurer les rapports de bon voisinage et
d'amitié de la Chine et de la France, dans la pensée également de voir maintenir l'intégrité territoriale de l'Empire
chinois et en outre par suite de la nécessité de veiller à ce
que, dans les provinces limitrophes du Tonkin, il ne soit
apporté aucune modification à l'état de fait et de droit existant, le gouvernement de la République attacherait un prix
particulier à recueillir du Gouvernement chinois l'assurance

qu'il ne cédera à aucune autre Puissance tout ou partie du territoire de ces provinces, soit à titre définitif ou provisoire, soit à bail, soit à un titre quelconque.

Je serais reconnaissant à Vos Altesses et à Vos Excellences, en m'accusant réception de cette lettre, de vouloir bien répondre par dépêche officielle au désir du Gouvernement de la République.

G. Dubail

Notre Yamen considère que les provinces chinoises limitrophes du Tonkin, étant des points importants de la frontière, qui l'intéressent au plus haut degré, devront être toujours administrées par la Chine et rester sous sa souveraineté. Il n'y a aucune raison pour qu'elles soient cédées ou louées à une Puissance.

Puisque le gouvernement français attache un prix particulier à recueillir cette assurance, Nous croyons devoir adresser la présente réponse officielle à Votre Excellence, en La priant d'en prendre connaissance et de la transmettre.

Suivent les signatures du Président et des membres
du Tsong-li-Yamen.

Extrait du LIVRE JAUNE sur les affaires de Chine

(1894-1898)

[Nous croyons utile de donner *in-extenso* cette lettre qui résume admirablement l'historique de la pénétration de nos voies ferrées en Chine et qui explique lumineusement l'importance , comme précédent, du contrat, signé entre la Compagnie de Fives-Lille et le gouvernement impérial].

N° 27

M. GÉRARD, Ministre de la République française à Pékin,
à M. HANOTAUX, Ministre des affaires étrangères,

Pékin, le 9 juin 1896.

Votre Excellence me permettra, au moment même où vient d'être signé, entre la Compagnie de Fives-Lille et le gouvernement impérial, le contrat relatif au chemin de fer de Long-tcheou, de résumer ici, d'une part, l'historique de cette longue négociation et, de l'autre, les réflexions, non seulement rétrospectives, mais d'avenir, que je crois devoir présenter à ce sujet.

Le gouvernement de la République, qui, dès le traité du 9 juin 1885, s'était, par avance, préoccupé de la question des chemins de fer en Chine, a saisi l'occasion des négociations engagées à Pékin du mois d'août 1894 au mois de juin 1895 pour lier cette question des chemins de fer à la question même de sa pénétration en Chine par les voies du Tonkin, de l'Annam et du Laos. C'est dans ce dessein qu'a été insérée au deuxième paragraphe de l'article 5 de la Convention complémentaire du 20 juin 1895 la disposition suivante : « Il est

convenu que les voies ferrées, soit déjà existantes, soit projetées en Annam, pourront, après entente commune et dans
des conditions à définir, être prolongées sur le territoire
chinois. »

Votre Excellence, désireuse d'obtenir sans retard du gouvernement chinois la mise en vigueur de cette disposition,
m'adressait, le 14 juillet 1895, des instructions pour négocier
la prolongation éventuelle en Chine jusqu'à Long-tcheou,
et au delà, du chemin de fer de Lang-son.

Par un télégramme en date du 17 août, Votre Excellence
m'avisait que la Compagnie de Fives-Lille demandait, sous
les auspices du Gouvernement de la République, l'autorisation
de construire le chemin de fer de Dong-dang à Long-tcheou
et que le dossier y relatif m'était envoyé.

Par un troisième télégramme en date du 30 Août, Votre
Excellence me prescrivait de faire, auprès du Tsong-li-Ya
men, les premières démarches et de présenter au gouvernement chinois la demande de concession de la Compagnie de
Fives-Lille dont le texte, expédié de Paris dès le 3 juillet,
et modifié en quelques parties par le télégramme même du
30 août, m'était parvenu le 19 du même mois.

Mes négociations avec le Tsong-li-Yamen, préparées vers
la fin d'août dans quelques entretiens oraux, ont réellement
commencé le 9 septembre 1895 par la remise que je fis ce
jour même entre les mains des Princes et Ministres chinois
de la demande de concession de Fives-Lille et de la carte
qui y était jointe.

Le 20 septembre, le représentant de la Compagnie,
M. Antoine Grille, arrivait à Pékin, muni d'une procura
tion en règle et des pleins pouvoirs nécessaires pour signer
et traiter.

La demande de concession présentée par la Compagnie,
en onze articles, était une concession de type absolu, par
laquelle la Compagnie concessionnaire était propriétaire de
la ligne, la construisait et l'exploitait à ses risques et périls
pour une durée indéfinie, avec faculté de rétrocéder la concession à une autre Compagnie française constituée par elle
ou à l'administration qui serait chargée de l'exploitation de
la ligne tonkinoise aboutissant à la Porte de Chine.

Au moment même où je présentais au Tsong-li-Yamen cette demande de concession absolue, la Chine, qui ne possédait jusqu'alors que la ligne ferrée de Tien-tsin à Ta-kou et à Chan-haï-kouan, n'avait encore nullement examiné la question des chemins de fer et ne la considérait qu'avec cet esprit d'inquiétude que lui inspire toute nouveauté. L'accueil fait par le Tsong-li-Yamen à la demande de concession de la Compagnie de Fives-Lille fut, comme il était facile de le prévoir, un refus poli, mais catégorique. Par une série de dépêches, en date des 12 septembre, 1er et 11 octobre, le Tsong-li-Yamen me répondit que la Chine n'était pas préparée à de telles nouveautés ; qu'aucun plan n'avait été arrêté pour la constitution d'un réseau chinois, qu'il était impossible d'envisager la construction des lignes de frontière avant que les lignes principales de l'intérieur ne fussent établies et qu'il n'y avait qu'à différer toute négociation jusqu'à une date plus propice. Le 1er novembre, par une nouvelle dépêche, le Tsong-li-Yamen me déclarait que si l'article V de la Convention du 20 juin 1895 avait prévu le prolongement sur territoire chinois des chemins de fer de l'Annam, il n'en avait fixé ni les conditions, ni la date, et que, d'ailleurs, la demande de concession, présentée par la Compagnie de Fives-Lille ne saurait, en aucun cas, être accueillie comme étant, dans plusieurs de ses articles, attentatoire aux droits de souveraineté de la Chine. Telle fut la première période des négociations, close par la depêche du Tsong-li-Yamen, en date du 1er novembre 1895.

La seconde période des négociations, ouverte le 2 novembre 1895 par l'entretien que j'eus à cette date avec le Prince K'ing, s'est prolongée jusqu'au 31 mars 1896, c'est-à-dire jusqu'au jour où le Tsong-li-Yamen me notifia officiellement le décret impérial du 20 mars, autorisant la construction de la ligne de Long-tcheou. Dans cette seconde période, le Gouvernement chinois, au lieu de persister dans le refus systématique qu'il nous avait opposé, propose de substituer au principe du prolongement établi par l'article 5 de la Convention du 20 juin 1895 le *principe du raccordement* et s'offre à construire lui-même la ligne qui, par Long-tcheou, se raccordera au réseau de l'Annam. Dans cette nouvelle position du problème, le Gouvernement chinois se proposait, après avoir fait reconnaître la future ligne par les Délégués du Gouverneur du Kouang-si, d'en entreprendre lui-même, dès que l'approbation de l'Empereur serait obtenue par décret, la construction et l'exploitation avec le concours de la Compagnie française que recommanderait le Gouvernement de la République. Malgré les lenteurs et les incertitudes d'une telle procédure, et malgré les arrière-pensées qu'il était permis d'y pressentir, je pensai qu'elle ne devait pas être déclinée, et qu'il convenait de nous y prêter, sauf à nous prémunir contre les tentatives qui pourraient être faites pour éluder la portée de l'article 5 de la Convention du 20 juin 1895 et pour réduire au strict minimum le concours de la Compagnie.

Vers la fin de décembre, je présentai au Prince K'ing un second projet de contrat dans lequel, à la demande de concession absolue d'abord introduite par la Compagnie de Fives-Lille, était substituée une demande de concession de la construction et de l'exploitation au compte de la Chine et en régie. Le 26 décembre, le Prince K'ing écarta ce second projet, disant qu'il fallait attendre la reconnaissance de la ligne, la présentation d'un rapport au Trône et l'apostille impériale, et qu'alors seulement il y aurait lieu de déterminer les conditions d'entente entre le Gouvernement impérial et la Compagnie. Les travaux de reconnaissance de la ligne furent achevés dès la fin de décembre par les Délégués du Gouverneur du Kouang-si, mais le rapport et les cartes des Délégués n'arrivèrent à Pékin qu'au commencement de mars, le rapport au Trône ne fut présenté que le 20 mars, et, bien que le décret impérial approuvant la construction de la ligne de Long-tchéou eût été rendu ce même jour, notification officielle ne m'en a été faite que le 31 mars. La seconde période des négociations était close. Il restait maintenant à déterminer la part qui serait faite à la Compagnie dans la construction et dans l'exploitation de la ligne et à négocier le contrat.

La troisième période des négociations, ouverte au lendemain du 31 mars et qui vient seulement de se clore, grâce à l'intervention de Votre Excellence, a été la plus laborieuse.

Selon la tactique que j'avais prévue et dès le lendemain du jour où le décret impérial avait été rendu, le Gouvernement chinois n'avait plus qu'une préoccupation : éluder le contrat. En vain, les 23 mars et 4 avril, avais-je insisté, par dépêches officielles, pour qu'une entente définitive intervînt sur le second projet du contrat remis par moi à la fin de décembre. Le Tsong-li-Yamen proposait maintenant de substituer au contrat même un règlement et un cahier des charges chinois qui seraient arrêtés, non plus à Pékin mais à Long-tcheou même, entre le représentant de la compagnie et le directeur en chef de l'Administration officielle chinoise du chemin de fer nouvellement désigné, le général Sou. Le 19 avril, le Tsong-li-Yamen rejetait nettement le contrat de Fives-Lille et me déclarait que toutes les questions restant à examiner devaient être traitées désormais à Long-tcheou entre le général Sou et le représentant de la compagnie. Tel était le point auquel nous étions parvenus un mois après le décret impérial du 20 mars, lorsque Votre Excellence, en reprenant elle-même, dans les premiers jours de mai, la direction d'une négociation qu'Elle avait ouverte au mois de septembre précédent, a amené le Gouvernement chinois à accepter et à signer, sauf quelques modifications, le projet de contrat qui, écarté une première fois le 26 décembre, avait été de nouveau rejeté le 19 avril. Votre Excellence m'ayant annoncé, par son télégramme du 10 mai, que la Compagnie de Fives-Lille acceptait les suggestions contenues dans mon télégramme du 5 du même mois, le Tsong-li-Yamen avait essayé encore de substituer à notre projet un projet absolument inacceptable. Mais l'attitude prise et le langage tenu par Votre Excellence me permirent, dans les deux entretiens que j'eus les 22 et 30 mai avec le prince K'ing, de faire accueillir, comme définitif, sauf deux modifications, le contrat que j'avais, selon vos ordres, remis le 18 au Tsong-li-Yamen.

La concession obtenue par la compagnie de Fives-Lille est une concession de construction et d'exploitation à forfait au compte et aux risques de la Chine, pendant une durée de 36 ans, pouvant elle-même être prolongée et renouvelée. Ce n'est plus la concession absolue demandée dès l'abord comme prolongement en Chine des lignes de l'Annam, c'est du moins une concession assurant le raccordement des deux réseaux dans des conditions propres à laisser intact et respecté le principe inscrit dans l'article 5 de la Convention du 20 juin 1895.

La signature entre la Compagnie de Fives-Lille et le Gouvernement impérial du contrat relatif au chemin de fer de Long-tcheou est une date dans l'histoire de l'ouverture de la Chine. Considérée sous cet aspect, et quelle que soit la largeur de la ligne à construire, la négociation qui vient d'aboutir méritait hautement d'être poursuivie et menée jusqu'au terme.

A. Gérard.

DOCUMENTS

RELATIFS A LA QUESTION DU PROTECTORAT[1]

Extrait de la lettre de S. E. le Cardinal LANGÉNIEUX au Pape.

(20 juillet 1898).

..... La ruine de ce protectorat serait assurément pour notre pays un malheur et une humiliation ; mais il est bien certain qu'elle entraînerait aussi pour l'Eglise de graves détriments. Où est en effet, à défaut de la France, la nation en état de remplir cette mission essentiellement catholique ? Et si les puissances qui le convoitent arrivaient à se partager ce rôle délicat, n'est-il pas évident qu'une semblable tutelle, basée sur l'intérêt politique, n'offrirait aucune garantie de durée et que le manque d'unité des vues souvent opposées dans l'action en paralyserait fatalement les effets ?

. . . .

1. Voyez chapitre II ci-dessus.

Lettre de S. S. le Pape LÉON XIII à S. E. le Cardinal LANGÉNIEUX, archevêque de Reims

Notre cher fils,

C'est avec une vive satisfaction que nous avons appris, par votre lettre, que des hommes éminents ont eu la pensée de former en France un Comité national pour la conservation et la défense du protectorat français en Terre Sainte. Nulle entreprise ne saurait mieux répondre aux généreuses et chevaleresques traditions de votre noble patrie, qui fut par excellence la terre des Croisés. Depuis lors, bien des siècles se sont écoulés, bien des assauts ont été livrés à l'Eglise pour affaiblir la foi. Mais le culte des Lieux Saints s'y est maintenu en tous les temps. Si, à certains intervalles, ce culte a quelque peu paru se ralentir, nous le voyons aujourd'hui s'affirmer avec éclat dans ces pacifiques pèlerinages de la piété chrétienne que nous avons été heureux d'encourager à diverses reprises. Nous ne pouvons, de même, que louer hautement l'œuvre heureusement inaugurée, nouvelle dans la forme, ancienne dans son esprit : elle nous semble répondre à des besoins de jour en jour plus urgents. Nul n'ignore, en effet, que vous avez, notre cher fils, constaté de vos yeux combien sont en souffrance et de quels dangers sont menacés les intérêts catholiques en Palestine. Ces intérêts, comme on sait, se rattachent particulièrement à la propriété et à l'usage des sanctuaires, élevés par la piété de nos ancêtres, là même où se sont opérés les mystères de la Rédemption des hommes : les ennemis du nom catholique redoublent d'efforts et d'activité pour entraver dans ces mêmes sanctuaires la piété des fidèles enfants de la sainte Eglise. L'œuvre dont vous nous parlez, notre cher fils, a donc surgi à l'heure propice, et nous en espérons pour l'avenir les plus féconds résultats. La France a en Orient une mission à part que la Providence lui a con-

fiée : noble mission qui a été consacrée non seulement par
une pratique séculaire, mais aussi par des traités interna-
tionaux, ainsi que l'a reconnu de nos jours notre Congrégation de la Propagande, par sa déclaration du 22 mai 1888[1].

Le Saint-Siège, en effet, ne veut rien toucher au glorieux
patrimoine que la France a reçu de ses ancêtres et qu'elle
entend, sans nul doute, mériter de conserver, en se montrant toujours à la hauteur de sa tâche. Nous désirons que
les membres de l'Association déjà formée, s'inspirant pleine-
ment de ces vues élevées et ayant à cœur les grands intérêts de la religion et de la patrie, prêtent à la France un
concours généreux dans l'accomplissement de son mandat
six fois séculaire. Puissent ces efforts réunis assurer à l'E-
glise catholique en Orient une existence paisible et lui permettre de travailler avec succès à l'extension de la vraie foi
et au retour des brebis égarées au bercail de l'unique et su-
prème Pasteur. Et maintenant, comme gage de notre pater-
nelle affection, nous vous accordons, notre cher fils, la bénédiction apostolique.

Donné à Rome, près Saint-Pierre, le 20 août de l'année
1898, de notre pontificat la vingt-unième.

LEO P. P. XIII.

---

1. Il s'agit de la circulaire *Aspera rerum conditio*, publiée par
le Cardinal Siméoni, préfet de la Propagande, le 22 mai 1888 et
dont nous avons cité, page 123, le passage capital.

Décret du Gouvernement impérial chinois.

(15 mars 1899)

*Rapport fixant les relations'entre les autorités locales
et le clergé catholique présenté au trône par S. A. I. le
prince et LL. EE. les ministres du conseil des affaires
étrangères le 4e jour de la 2e lune de la 25e année Kouang
siu (15 mars 1899)*

Que l'on se conforme à ce qui a été décidé !
Respect à ceci !
Les Eglises de la religion catholique, dont la propagation
a été autorisée depuis longtemps par le gouvernement impérial, étant construites maintenant dans toutes les provinces
de la Chine, nous sommes désireux de voir le peuple et les
chrétiens vivre en paix et, afin de rendre le protectorat plus
facile, il a été convenu que les autorités locales échangeront
des visites avec les missionnaires dans les conditions indi-
quées ci-dessous.

1° Dans les différents degrés de la hiérarchie, les évêques
étant, en rang et en dignité, les égaux des vice-rois et des
gouverneurs, il conviendra de les autoriser à demander à
voir le vice-roi et le gouverneur.

Les vicaires généraux et les archiprêtres seront autorisés
à demander à voir les trésoriers, les juges provinciaux et les
intendants.

Les autres prêtres seront autorisés à demander à voir les
préfets de 1re et de 2me classe, les préfets indépendants, les
sous-préfets et les autres fonctionnaires.

Les vice-rois, gouverneurs, trésoriers, juges provinciaux,
les intendants, les préfets de 1re et de 2me classe, les préfets
indépendants, les sous-préfets et les autres fonctionnaires
répondront naturellement, selon leur rang, par les mêmes
politesses.

2° Les évêques dresseront une liste des prêtres qu'ils chargeront spécialement de traiter les affaires et d'avoir des relations avec les autorités, en indiquant leurs noms et le lieu où se trouver la mission.

Ils adresseront cette liste au vice-roi ou au gouverneur, qui ordonnera à ses subordonnés de la recevoir conformément à ce règlement.

Les prêtres qui demanderont à voir les autorités locales et seront spécialement désignés pour traiter les affaires devront être Européens.

Cependant, lorsqu'un prêtre européen ne connaîtra pas suffisamment la langue chinoise, il pourra momentanément inviter un prêtre chinois à l'accompagner et à lui prêter son concours comme interprète.

3° Il sera utile que les évêques qui résident en dehors des villes se rendent de loin à la capitale provinciale pour demander à être reçus par le vice-roi ou le gouverneur, lorsqu'ils n'auront pas affaire.

Quand un nouveau vice-roi arrivera à son poste ou qu'un évêque sera changé et arrivera pour la première fois, ou bien encore à l'occasion de félicitations pour la nouvelle année et les fêtes principales, les évêques seront autorisés à écrire des lettres privées au vice-roi et au gouverneur et à leur envoyer leurs cartes. Les vice-rois et gouverneurs leur répondront par la même politesse.

Les autres prêtres qui seront déplacés ou qui arriveront pour la première fois, pourront, selon leur dignité, demander à voir les trésoriers et juges provinciaux, les intendants, les préfets de 1re et de 2me classe, les préfets indépendants, les sous-préfets et les autres fonctionnaires, lorsqu'ils seront pourvus d'une lettre de leur évêque.

4° Lorsqu'une affaire de mission grave ou importante surviendra dans une des provinces, quelle qu'elle soit, l'évêque et les missionnaires du lieu devront demander l'intervention du ministre ou des consuls de la puissance à laquelle le pape a confié le protectorat religieux.

Ces derniers régleront et termineront l'affaire, soit avec le Tsong-li-Yamen, soit avec les autorités locales. Afin d'éviter de nombreuses démarches, l'évêque et les missionnaires pourront également s'adresser d'abord aux autorités locales, avec lesquelles ils négocieront l'affaire et la termineront.

Lorsqu'un évêque ou un missionnaire viendra voir un mandarin pour affaire, celui-ci devra la négocier sans retard d'une façon conciliante, et rechercher une solution.

5° Les autorités locales devront avertir en temps opportun les habitants du lieu et les exhorter vivement à l'union avec les chrétiens : ils ne doivent pas nourrir de haine et causer de troubles.

Les évêques et les prêtres exhorteront également les chrétiens à s'appliquer à faire le bien, afin de maintenir la bonne renommée de la religion catholique et faire en sorte que le peuple soit content et reconnaissant.

Lorsqu'un procès aura lieu entre le peuple et les chrétiens, les autorités locales devront le juger et le régler avec équité. Les missionnaires ne pourront pas s'immiscer et donner leur protection avec partialité, afin que le peuple et les chrétiens vivent en paix.

Pour traduction conforme.

Le premier interprète de la Légation de France.

H. LEDUC.

Extrait d'une lettre de Mgr FAVIER, évêque de Pékin, du 31 décembre 1898.

[Cette lettre a été publiée dans *les Missions catholiques*
du 3 mai 1899. — Elle fait allusion à un décret de l'impératrice douairière, en date du 6 octobre 1898 ; cet acte a
été promulgué à l'occasion des troubles du Se-tchouen où le
chef de bande Yu-man-tse retenait en captivité le P. Fleury ;
il est comme le prélude du décret du 15 mars 1899 qu'on
vient de lire ci-contre. — La lettre de Mgr Favier montre
comment la France et ses représentants savent s'acquitter
de leur devoir de protection.]

.... Le ministre de France, M. Pichon, a reçu les promesses les plus formelles du Tsong-li-Yamen. Le premier
ministre tartare, avec lequel j'entretiens une correspondance
connue et approuvée par le représentant de la France, m'a
également certifié par lettre « qu'avant peu la paix serait
rétablie au Se-tchouen ». Sans doute tout n'est pas fini,
mais cela prouve la bonne volonté du gouvernement de
l'impératrice, auquel il faut laisser le temps matériellement
nécessaire à la pacification.

Que fait de son côté le gouvernement français et son ministre
à Pékin ? Je puis affirmer qu'il fait son possible pour
conserver haut et ferme le protectorat des missions, que notre
glorieux Pape Léon XIII vient de remettre une fois de plus
entre les mains de la fille aînée de l'Eglise.

Depuis quarante ans, jamais pareil imbroglio ne s'est
produit en Chine. Malgré la meilleure volonté, il faut du
temps pour se reconnaître dans ce labyrinthe de questions
politiques et religieuses avant de trouver la porte de sortie.
D'un autre côté, comment agir efficacement pour ce malheureux Se-tchouen éloigné de toute communication et par
terre et par eau ? Comment prendre des moyens coercitifs

qui, tout désintéressés qu'ils soient, peuvent être mal interprétés par une nation rivale? Comment envoyer au loin des forces qui, d'un moment à l'autre, peuvent être nécessaires à la mère patrie? En tout autre temps, rien de plus simple; mais aujourd'hui qui peut être assuré du lendemain, même en Europe? Ces interrogations, auxquelles il est facile de répondre, suffisent à faire comprendre les atermoiements du gouvernement français et tout homme impartial ne se permettra pas de mettre en doute un seul instant son bon vouloir.

A moins d'avoir été sur la brèche avec le représentant actuel de la France à Pékin, on ne comprendra jamais les efforts qu'il a dû faire pour emporter d'assaut certaines positions, conserver malgré tout l'estime du gouvernement chinois, empêcher par son énergie et sa prudence de plus grands malheurs, obtenir enfin de véritables succès avec des moyens d'action presque nuls. M. Stephen Pichon ne saurait être accusé de cléricalisme, c'est un vrai patriote qui aime avant tout son pays. Cette dernière qualité, qui lui est commune avec tous les évêques et tous les missionnaires, fait qu'il s'entendra toujours bien avec eux. Ils lui ont déjà donné, par parole et par écrit, des preuves de leur reconnaissance pour les succès obtenus et surtout pour les efforts qu'il ne cesse de faire afin de sauvegarder en Chine tous les intérêts de la France, quels qu'ils soient. Si les résultats ne se manifestent pas avec autant de rapidité que des individualités ignorantes de la situation pourraient le désirer, personne ne peut en rendre responsable le représentant de la République, qui n'épargne ni son intelligence, ni son temps, ni sa peine. Au reste, on ne perdra rien pour attendre, les esprits se calmeront, la paix se rétablira, des réparations sérieuses seront accordées et malgré toutes les intrigues, nous verrons encore ici des jours fortunés par la France et pour les missions : « Tout vient à point à qui sait attendre. »

FIN

TABLE DES MATIÈRES

CHAPITRE II. — **L'affaire de Kiao-tcheou et le protectorat religieux en Chine.**

APPENDICES

DOCUMENTS, p. 283

DOCUMENTS RELATIFS AU PROTECTORAT RELIGIEUX EN CHINE, p. 293.

CARTES ET PLANS

POITIERS

IMPRIMERIE BLAIS ET ROY

7, RUE VICTOR-HUGO, 7.